KB108473

# 인조이 삼바 라이프

# 인조이 삼바 라이프

| | | | |
|---|---|---|---|
| 발행일 | 2019년 6월 26일 | | |
| 지은이 | 강민주, 김영수 | | |
| 펴낸이 | 손형국 | | |
| 펴낸곳 | (주)북랩 | | |
| 편집인 | 선일영 | 편집 | 오경진, 강대건, 최예은, 최승헌, 김경무 |
| 디자인 | 이현수, 김민하, 한수희, 김윤주, 허지혜 | 제작 | 박기성, 황동현, 구성우, 장홍석 |
| 마케팅 | 김회란, 박진관, 조하라 | | |
| 출판등록 | 2004. 12. 1(제2012-000051호) | | |
| 주소 | 서울시 금천구 가산디지털 1로 168, 우림라이온스밸리 B동 B113, 114호 | | |
| 홈페이지 | www.book.co.kr | | |
| 전화번호 | (02)2026-5777 | 팩스 | (02)2026-5747 |

| | | |
|---|---|---|
| ISBN | 979-11-6299-762-8 03320 (종이책) | 979-11-6299-763-5 05320 (전자책) |

이 도서의 국립중앙도서관 출판예정도서목록(CIP)은 서지정보유통지원시스템 홈페이지(http://seoji.nl.go.kr)와 국가자료공동목록시스템(http://www.nl.go.kr/kolisnet)에서 이용하실 수 있습니다.
(CIP제어번호: CIP2019024247)

(주)**북랩** 성공출판의 파트너

북랩 홈페이지와 패밀리 사이트에서 다양한 출판 솔루션을 만나 보세요!

**홈페이지** book.co.kr   •   **블로그** blog.naver.com/essaybook   •   **원고모집** book@book.co.kr

KOTRA 주재원 남편과 브라질 교포 아내가 전하는
**정착부터 출산, 육아까지 생생한 브라질 생존기**

# 인쪼이 삼바 라이프

강민주·김영수 지음

주재원, 유학생, 여행객, 이민을 준비하는 사람이라면
**반드시 읽어야 할 브라질 생활 가이드북**

북랩 book Lab

**·일러두기·**

_____

포르투갈어의 우리말 표기는 국립국어원의 포르투갈어 한글 표기 규정을 존중하면서, 경우에 따라 브라질 원어의 발음을 따랐다.

# 머리말

브라질은 미지의 나라다. 연간 브라질을 방문하는 한국 여행객은 5만 명에 달하고, 5만의 한국 교포가 살고 있으며, 투자 진출한 한국 기업이 120개사에 달하지만, 아직 브라질에 대해 잘 알려진 바가 없다. 특히 생활적인 부분은 일부 블로그를 제외하면 정보를 얻기가 쉽지 않다. 인터넷으로 현지 생활 정보 공유가 가능한 젊은 교포 중 한국어 쓰기가 가능한 이가 점점 줄어들고 있다. 주재원들이 생활하면서 겪은 노하우들은 회사 내부적으로만 아름아름 전달되고 있다. 한국 여행객들이 방문하는 지역은 이구아수 폭포와 리우데자네이루로, 한국인들이 주로 거주하는 지역이 아니다. 언론에 보도되는 브라질 관련 기사는 치안 문제, 불안한 정치, 경기 침체 등 부정적이고 자극적인 내용이 많다. 이러한 이유로 인해 우리는 브라질의 단편적인 모습만 알고 있다. 정보의 홍수 시대에 브라질만큼은 예외였던 것이다.

'브라질 코스트'라는 말이 있다. 복잡한 세금 체계, 까다로운 행정, 인프라 부족, 관료주의 등으로 인해 기업이 브라질에서 경영활동을 하게 될 경우 다른 나라보다 더 많은 비용이 발생한다는 의미의 용어다. 이 말은 기업 활동에만 한정되지 않는다. 외국인으로서 브라질에 살게 되면 생활 속 브라질 코스트를 겪게 된다. 현지인들은 "신이 브라질 땅에 풍부한 자원과 비옥한 토양, 환상적인 기후를 선물했지만, 브라질 사람들을 브라질에 살게 해버렸다."라는 웃지 못할 농담을 한다. 그만큼 현지인들도 브라질에서 살아간다는 것이 쉽지 않다는 것을 알고 있다.

우리 부부는 포르투갈어를 전공하고 브라질에서 1년간 연수 경험이 있는 남편과 브라질에서 태어나고 대학을 다닌 아내라는 가족 구성으로 인해 시행착오 없이 브라질에서 쉽게 정착할 수 있을 것이라 생각했다. 그러나 현실은 도전과 적응의 연속이었고 브라질 코스트를 경험했다. 브라질에서 태어났지만 초등학교는 한국에서, 중·고등학교는 캐나다에서 졸업 후 쿠리치바라는 브라질 남동부 도시에서 대학을 다닌 아내에게 상파울루에서의 삶은 마치 외국에서의 새로운 정착과도 같았다. 남편에게도 직장인으로서 회사 업무를 보며 새로운 도시에 정착을 하며 느낀 브라질은 학생 때 경험했던 브라질과는 다른, 낯선 모습이었다.

우리 부부가 이 글을 쓴 목적은 브라질을 찾게 되는 주재원, 유학생, 여행객, 이민 준비자들이 우리가 겪은 실수와 시행착오를 겪지 않기를 바라며, 2015년 8월부터 시작된 브라질에서 4년간의 삶을 통해 느낀 노하우와 생활, 육아 정보를 공유하고자 함이다. 주변에 포르투갈어를 전혀 하지 못하는 주재원 가족과 브라질로 투자 진출을 준비하기 위해 시장조사 출장을 오는 기업인을 종종 도울 일이 있었다. 외국인으로서 낯선 브라질 땅에서 직면하게 되는 크고 작은 모든 일에 두려움과 막막함을 느끼는 사람이 많았다. 아파서 병원을 갔는데 영어가 통하지 않고, 병원의 접수 방법도 한국과 달라서 결국 의사를 만나보지 못하고 발길을 돌리는 경우도 있었다. 이런 안타까운 모습을 보며 우리의 경험을 공유하여 주변에 도움을 주고자 낮에는 업무와 연년생 육아를, 밤에는 집필을 하게 되었다.

브라질의 부정적인 부분이나 한국보다 부족하다고 생각되는 부분도 모두 책에 넣었다. 이는 브라질을 폄하하기 위함이 아니다. 한국과 다른 모습을 알려주고, 이러한 사실을 브라질을 찾는 사람들이 미리 인지하여 보다 쉽게 적응할 수 있도록 도움을 주기 위함이다. 즐거운 내용, 장점만 소개해주는 것이 브라질을 즐길 수 있는 방법은 아닐 것이다. 장단점, 다른 점, 특색을 정확히 알아야 한다. 책 내용은 우리 부부가 거주한 상파울루를 중심으로 작성되었다. 이 책을 읽은 모든 사람이 보다 쉽게 브라질로 연착륙하여 즐겁고 행복한 삼바 라이프를 즐기길 바란다.

브라질 생활에 도움을 주신 KOTRA 상파울루 무역관 직원들, 주브라질 대한민국 대사관과 상파울루 대한민국 총영사관 관계자분들, 모에마에서 함께 전투 육아를 하며 집필을 응원해주시고 도움을 주신 이웃 주민들, 집필에 조언을 해주신 김미정, 김어진 부부와 부산외국어대학교 은사님들께 많은 감사를 드린다. 브라질과 한국에서 항상 우리 부부를 응원해주신 양가 부모님, 상파울루 정착에 물심양면 도움을 주신 삼촌, 숙모께도 깊은 감사를 드린다.

강민주, 김영수

# 목차

**Part. 4**
# 출산 및 교육

**Part. 5**
# 브라질 사회
# 이해하기

*Part 1*

# 브라질 소개

# 1.브라질

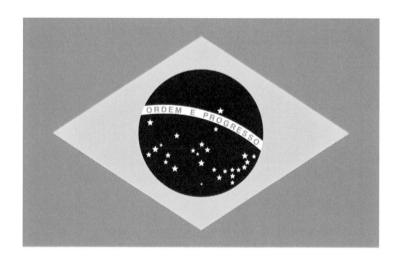

　정식 국명은 브라질 연방공화국(República Federativa do Brasil)이다. 총 26개 주와 1개의 연방 자치구(수도인 브라질리아)로 구성되어 있다. 한국 대비 약 85배에 달하는 국토 면적 851만㎢는 러시아, 캐나다, 중국, 미국에 이어 세계 5위 규모이며, 2억 8백만 명의 인구가 사는 대국이다. 인구는 포르투갈, 이탈리아, 독일 등 유럽계 인종과 원주민, 아프리카계, 아시아계 등 다양한 인종으로 구성되어 있다. 언어는 포르투갈어이며, 주 종교는 가톨릭이다.

1500년 4월 포르투갈 탐험가 페드루 알바레스 카브라우(Pedro Alvares Cabral)는 희망봉을 향해 항로를 하던 중 방향을 잘못 잡아 브라질 포르투 세구루(Porto Seguro)라는 지역에 우연히 도착하게 된다. 이후 마을을 세우고 포르투갈 왕국을 위한 땅으로 지정하였다. 1530년부터 포르투갈은 본격적으로 브라질을 식민지화하였다. 1538년 최초의 노예선이 브라질에 도착했으며, 이후 아프리카 흑인 노예를 대거 들여와 북동부 지역에서 사탕수수를 재배하였다. 1500년대 사탕수수, 1600년대 고무, 1700년대 금, 1800년대 커피를 산업을 집중적으로 개발하여 발생한 수익을 포르투갈이 착취하였다. 1822년 브라질은 포르투갈로부터 독립을 선포했다. 1888년 노예제도가 폐지되었으며, 1889년 공화정체제로 전환되었다. 한국과 유사하게 1964년부터 군사 독재 시절을 겪었고, 1985년 민주화를 이루었다. 2019년 1월부터 자이르 보우소나루(Jair Messias Bolsonaro) 대통령이 국정을 이끌고 있다.

브라질이란 이름은 빠우브라지우(Paubrasil)라는 나무 이름에서 유래되었다. 포르투갈 선원들이 브라질에 도착했을 때 이 나무가 많이 있었는데, 붉은색 염료를 추출할 수 있는 나무였다. 당시 유럽에서 붉은색 염료는 왕실, 귀족, 종교인들만 사용할 수 있는 비싼 재료였다. 빠우브라지우 나무가 유럽으로 들여오기 시작하면서, 나무를 가지고 오는 지역의 명칭마저 브라질로 불리게 된 것이다. 현재 빠우브라지우 나무는 멸종 위기종으로 등록되어 있으며, 식물원에서나 볼 수 있다.

브라질은 크게 북부(노란색), 북동부(초록색), 중서부(빨간색),
남동부(파란색), 남부(하늘색)의 5개 권역으로 구분한다.

# •브라질 주와 주도•

| 지역 | 주 | 약자 | 주도 |
|------|-----|------|------|
| 북부 | Acre | AC | Rio Branco |
| | Amapá | AP | Macapá |
| | Amazonas | AM | Manaus |
| | Pará | PA | Belém |
| | Rondônia | RO | Porto Velho |
| | Romario | RR | Boa Vista |
| | Tocantins | TO | Palmas |
| 북동부 | Alagoas | AL | Maceió |
| | Bahia | BA | Salvador |
| | Ceará | CE | Fortaleza |
| | Marnhão | MA | São Luis |
| | Paraiba | PB | João Pessoa |
| | Pernambuco | PE | Recife |
| | Piaui | PI | Teresina |
| | Rio Grande do Norte | RN | Natal |
| | Sergipe | SE | Aracaju |
| 중서부 | Distrito Federal | - | Brasília |
| | Goiás | GO | Goiânia |
| | Mato Grosso | MT | Cuiabá |
| | Mato Grosso do Sul | MS | Campo Grande |
| 남동부 | Espírito Santos | ES | Vitória |
| | Minas Gerais | MG | Belo Horizonte |
| | São Paulo | SP | São Paulo |
| | Rio de Janeiro | RJ | Rio de Janeiro |
| 남부 | Paraná | PR | Curitiba |
| | Rio Grande do Sul | RS | Porto Alegre |
| | Santa Catarina | SC | Florianópolis |

북부는 전체 국토 면적의 45%를 차지하지만, 거주 인구는 총인구의 9%밖에 되지 않는다. 지구의 허파인 아마존강이 있는 지역으로 밀림이 발달되어 있다. 적도와 가장 근접한 지역으로 연중 덥다. 아마조나스주 마나우스시에 자유경제 지역이 있어 삼성전자와 LG전자 등 한국 기업이 공장을 설립해 제품을 생산하고 있다.

북동부는 해안선을 중심으로 도시가 발달되어 있다. 아름다운 해변이 많아 리조트 등 휴양 시설이 발달되어 있다. 국토 면적의 18%를 차지하며, 거주 인구는 총인구의 27%를 차지한다. 사탕수수, 코코넛 등 열대성 작물 재배에 적합한 열대기후 지역이다. 브라질에서 해가 가장 빨리 뜨는 지역이나 상파울루와 시차가 없기 때문에 새벽 5시 이전에 날이 밝아온다. 바이아주의 주도인 사우바도르(Salvador)는 1763년 리우데자네이루(Rio de Janeiro)로 천도될 때까지 약 200년간 브라질의 수도였다.

수도 브라질리아가 있는 중서부 지역은 고온다습한 열대성 기후지대로 농산물 생산이 발달한 지역이었으나, 최근에는 농업지대가 급속히 줄어들고 산업이 발달하고 있다. 브라질 전국을 이어주는 교통의 중심지이다. 국토 면적의 19%를 차지하며, 거주 인구는 총인구의 8% 수준이다.

상파울루와 리우데자네이루, 미나스제라이스주가 있는 남동부는 브라질 경제의 중심지이다. 국토 면적의 11%를 차지하나, 총인구의 42%가 거주하는 인구 밀집 지역이다. 아열대성 기후로 커피, 사탕수수 등이 많이 생산되며, 공업도 매우 발달되어 있다. 브라질 GDP의 50% 이상을 남동부 지역이 점유하고 있다. 한국에서 브라질로 투자 진출한 120개 회사 중 대부분이 남동부에 있으며, 한국 교민과 주재원들도 대부분 남동부 지역에 거주하고 있다.

이구아수 폭포가 있는 남부는 아르헨티나와 파라과이, 우루과이와 국경을 접하고 있다. 국토 면적의 7%를 차지하며, 거주 인구는 총인구의 14% 수준이다. 독일과 이탈리아 등 유럽 이민계가 많으며, 제조 산업과 농축 산업이 균형 있게 발달되어 있다. 주요 도시로는 쿠리치바(Curitiba), 포르투 알레그리(Porto Alegre) 등이 있다.

TV 예능에서 수도 맞추기 게임을 하면 자주 틀리는 나라 중 하나가 브라질이다. 상파울루가 수도인 것으로 아는 사람들이 많이 있다. 브라질의 수도는 브라질리아(Brasília)다. 역사상 브라질의 수도는 총 세 번 바뀌었다. 1549년 사우바도르, 1763년 리우데자네이루 그리고 1960년 브라질리아다. 브라질리아는 내륙에 위치한 계획도시로, 주셀리누 쿠비체크(Juscelino Kubitschek de Oliveira) 대통령의 주도하에 루시오 코스타(Lucio Costa)라는 건축가가 도시 설계를 하였다. 도시 모양은 파일럿 플랜이라는 계획에 따라 만들어져 비행기 모양으로 이루어져 있다. 루시오 코스타가 큰 틀을 만들었다면, 그의 제자인 오스카 니마이어(Oscar Niemeyer)는 국회의사당, 법원, 대성당 등 주요 건축물을 설계하였다. 참고로 대통령궁과 행정부, 국회, 대법원, 검찰청 등이 모두 브라질리아에 있다. 브라질리아에는 약 44㎢ 크기의 '파라노아'라는 거대 인공호수가 있다. 주말이면 호수에서 낚시, 카약, 윈드서핑 등을 즐기는 사람들을 볼 수 있다.

| 브라질리아

　브라질은 워낙 면적이 넓은 대국이라 지역별로 기후적 특징이 다르다. 국토의 90% 이상이 남반구에 위치하여 한국과는 계절이 정반대이다. 남부와 남동부의 겨울은 상당히 춥다. 하루에 사계절이 있는 날도 허다하다. 상파울루는 12월부터 2월까지가 우기다. 비가 온종일 내리진 않고, 주로 오후에서 저녁 사이에 집중적으로 내린다. 도로에 배수시설이 취약한 지역이 많고 도시 내에서도 지형 높이가 동네별로 차이가 나기 때문에 지대가 상대적으로 낮은 동네는 도로 침수가 종종 일어나기도 한다.

### • 상파울루 평균 기후 •

(단위: ˚, mm)

| | 1월 | 2월 | 3월 | 4월 | 5월 | 6월 | 7월 | 8월 | 9월 | 10월 | 11월 | 12월 |
|---|---|---|---|---|---|---|---|---|---|---|---|---|
| 최저 기온 | 16.9 | 16.9 | 16 | 13.9 | 11.7 | 10.3 | 9.8 | 10.6 | 12 | 13.7 | 15 | 15.7 |
| 최고 기온 | 26.3 | 26.2 | 25.1 | 23.4 | 21.7 | 20.9 | 20.5 | 21.7 | 22.7 | 23.5 | 24.3 | 24.9 |
| 강수량 | 238 | 224 | 169 | 67 | 56 | 46 | 33 | 39 | 69 | 127 | 131 | 194 |

상파울루는 해발 약 760m로 사람이 살기 가장 좋은 고도에 위치하고 있다. 한국에서는 2018 동계올림픽을 개최한 평창이 해발 700m에 위치해 있다. 한국의 강원도 지역과 상파울루의 해발이 비슷하기 때문에 상파울루가 높은 곳에 있다고 생각할 수 있다. 그러나 멕시코의 멕시코시티(2,240m), 콜롬비아의 보고타(2,640m) 등 중남미의 주요 도시가 워낙 고지대에 있어 이와 비교하면 상파울루는 날씨와 더불어 고도마저 축복받은 곳에 있다. 브라질 전체적으로는 해안선을 따라 산맥이 발달되어 있으며, 베네수엘라 국경에 있는 삐구 지 네블리나(Pico de Neblina)가 가장 높은 산으로 높이는 약 3,000m다. 전체 국토의 60%는 해발 200m 이하의 지대로 이루어져 있다.

브라질의 공식 통화는 헤알(Real)이다. 2, 5, 10, 20, 50, 100헤알 지폐와 1헤알 동전, 1, 5, 10, 25, 50센타부 동전으로 구성되어 있다. 브라질은 높은 인플레이션을 진정시키기 위해 1986년 이후로 총 다섯 차례의 화폐 개혁을 단행했으며, 1994년부터 지금의 헤알을 계속해서 사용하고 있다.

일상생활에서는 소액 결제도 신용카드(Cartão de Credito)나 체크카드(Cartão de Debito)를 많이 사용한다. 과거 1980~1990년대에 하루에도 물가가 급격하게 치솟는 초인플레이션 시기를 겪은 브라질 사람들은 대금 결제를 한 달 뒤에 할 수 있는 신용카드 사용을 이득으로 생각했으며, 그런 경제적 아픔이 신용카드 사용을 활성화하는 계기가 되었다. 또한 불안한 치안으로 많은 현금을 들고 다니지 않는 생활 습관도 한몫하고 있다.

최근 팔찌나 휴대폰 등에 부착하는 스티커 형태의 결제 도구가 출시되고 있다. 그리고 애플리케이션과 신용카드나 페이팔 등을 연동한 결제 서비스도 널리 이용되고 있다.

# •브라질 공휴일•

| 날짜 | 공휴일명 | 내용 |
|---|---|---|
| 1월1일 | 새해<br>(Ano Novo) | 신정 |
| 2~3월 | 카니발<br>(Carnaval) | 사순절을 앞두고 음식과 가무를 즐기던 유럽의 문화와 브라질 원주민 및 아프리카 노예 문화가 접목된 브라질 고유의 축제 |
| 3-4월 | 성 금요일<br>(Sexta-Feira Santa) | 예수의 죽음일을 기리는 날 |
| 3-4월 | 부활절<br>(Pascoa) | 예수가 부활한 것을 기념하는 날 |
| 4월21일 | Tiradentes 독립투사 기념일<br>(Tiradentes) | 독립운동가 찌라덴찌스를 기리는 추모일 |
| 5월1일 | 노동절<br>(Dia do trabalhador) | 노동자의 노고를 기념하는 날 |
| 5-6월 | 성체일<br>(Corpus Christi) | 그리스도의 성찬례 제정을 기념하는 날 |
| 9월7일 | 독립기념일<br>(Dia da Independência) | 포르투갈로부터의 독립을 기념하는 날 |
| 10월 12일 | 성모 마리아의 날<br>(Nossa Senhora Aparecida) | 성모 마리아가 승천한 것을 기념하는 날 |
| 11월 2일 | 망자의 날<br>(Finados) | 성인들을 기리는 날 |
| 11월 15일 | 공화국 선포일<br>(Proclamação da República) | 브라질이 공화국을 선포한 날을 기념하는 날 |
| 12월 25일 | 성탄절<br>(Natal) | 예수가 탄생한 날을 기념하는 날 |

카니발, 부활절, 성모 마리아의 날, 성탄절 등 브라질은 주 종교인 가톨릭과 관련된 공휴일이 많다. 성탄절부터 카니발 기간까지는 아이들의 방학 시즌과 겹쳐 휴가를 많이 떠나며, 업무도 느슨해지는 기간이다. 국가 전체 공휴일 외에도, 시나 주별로 기념하는 공휴일이 따로 있다. 상파울루의 경우 1월 25일이 시 설립일이어서 공휴일이다. 그러나 상파울루만 공휴일이어서 관공서 등의 업무만 중단되지 다른 시나 주에서는 정상 업무가 진행된다. 샌드위치 공휴일에는 회사나 기관 재량으로 공휴일 전후 평일 중 일부를 휴일로 지정할 수 있는 법과 시행령이 있다. 연방/주/시 정부는 기관별 관보 사이트(Diário Oficial da União)를 통해 각 공공기관의 재량 휴일을 공지하며, 민간 기업도 공공기관의 휴일을 관례적으로 따른다.

연말에 길거리를 걷다 보면 대부분 옷가게에 흰색 옷이 전시된 모습을 볼 수 있다. 브라질 사람들은 헤베이옹(Réveillon)이라는 새해맞이 축제를 하는데, 이때 흰색 옷을 입는다. 축제는 브라질 토속신앙에서 유래되었다. 깐돔블레(Candomblé)라는 종교 추종자가 섬기는 신 중에 하나가 바다의 여신인 이에만자(Iemanjá)다. 12월 31일에 바다의 여신 이에만자가 좋아하는 꽃, 보석, 단 과일을 바치는 제사를 지내야 다가올 한 해 동안 번영을 이룬다고 믿었다. 이들은 평화의 상징이자, 깐돔블레의 종교복 색깔인 흰색 옷을 머리부터 발끝까지 착용하고, 모래사장에 바다의 여신에게 바치는 꽃과 과일을 두거나, 바다에 띄워 보냈다. 그리고 세치 온

다스(Sete ondas)라고 하여 새해가 바뀌는 순간 파도를 일곱 번 뛰어넘는데, 파도를 한번 넘을 때마다 소원을 하나씩을 빌면, 그것이 이루어진다고 믿었다. 이러한 토속신앙 풍습이 오늘날까지 이어져, 종교가 없는 사람들도 새해가 되면 흰색 옷을 입고 바다로 간다. 재미있는 점은 흰색 옷 안에 색깔이 있는 속옷을 입는데, 색깔별로 의미가 있으며, 그해 이루고 싶은 소망의 속옷 색을 흰색 옷 안에 입는다. 빨간색은 사랑, 초록색은 희망, 노란색은 돈, 파란색은 건강과 성공, 흰색은 평화를 뜻한다.

| 깐돔블레 의식 행사

카니발은 브라질을 대표하는 축제이자 공휴일이다. 부활절 사순절을 앞두고 고기 등 음식을 먹으며 춤을 추던 유럽의 문화와 브라질에 있던 원주민과 아프리카계 노예의 문화가 합쳐져 브라질만의 독특한 카니발 문화가 탄생한 것이다. 카니발 문화가 성장한 데에는 정부의 역할이 컸다. 1930년 세계 대공황 이후 경제 침체 속에서 국민들을 하나로 통합하기 위해 카니발을 정부 차원에서 지원하였다. 카니발은 리우데자네이루, 상파울루, 사우바도르, 헤시피 네 개 도시에서 가장 크게 열린다. 네 개 도시 외에도 전국 각지에서 삼바 퍼레이드가 진행된다. 리우데자네이루 등 주요 도시에는 삼바드로무라는 삼바 전용 경기장이 있다. 정식 경기장에서 개최되는 카니발은 삼바 학교에서 전문적으로 공연을 준비해서 참가한다. 브라질에는 3천 개 이상의 삼바 학교가 있다. 1팀당 1시간 동안 약 3천 명에 달하는 단원들이 춤을 추며 일렬로 생긴 경기장을 행렬한다. 40명의 평가 위원이 무대 차량, 행렬의 간격과 시간, 참가자들의 하모니, 의상, 음악, 가사 등 총 아홉 가지 평가 기준을 가지고 우승팀을 정한다. 삼바 학교가 따로 있으며, 일반인들도 평소에 취미 활동으로 삼바 학교에 다닌다. 카니발 때 삼바 경기에 참가하기 위해 연습을 하고 비싼 돈을 내고 의상도 준비하는 등 적극적으로 참여를 한다. 우승이 목표이기는 하지만 우승을 위해 참여하기보다는 가족, 지인들과 같이 춤을 추고 즐기며 추억을 남기는 데 더 큰 의미를 두는 모습이다.

2018년 40만 명의 외국인 관광객이 카니발 기간에 브라질을 찾았다. 술 소비량이 평소보다 50% 증가한다. 2016년 브라질 정부는 카니발 기간 동안 콘돔 500만 개를 무료 배포할 만큼 카니발은 먹고, 마시고, 춤추며 즐기고 열광하는 날이다. 삼바 퍼레이드 외에도 일반 시민들이 참여할 수 있는 각종 축하 공연 등의 행사가 개최된다.

| 상파울루 삼바드로무

브라질의 성탄절은 뜨겁다. 한여름이라 두꺼운 옷을 입고 있는 산타를 보면 안쓰러운 지경이다. 크리스마스를 크게 여기기는 하나, 계절적 이유에서인지 추운 지역의 분위기와 사뭇 다르다. 큰 공원이나 쇼핑 등에 트리 장식을 만들기는 하나 거리에 캐럴은 들리진 않는다. 그러나 가족, 친구, 동료들끼리 선물을 주고받기 때문에 일반 소매 가게에는 크리스마스가 대목이다. 대부분 가족과 시간을 보내며, 신정까지 이어지는 긴 휴가를 떠나기도 한다.

# 2. 상파울루

남반구에서 가장 큰 도시인 상파울루는 브라질 경제의 중심지다. 상파울루 출신 사람을 파울리스타노(Paulistano)라 부르는데, 이들은 열심히 일하며 브라질 경제를 이끈다는 자긍심을 가지고 있다. 실제로 2016년 기준 상파울루시의 GDP는 브라질 전체 GDP의 약 11%를 차지하고 있으며, 1인당 GDP도 5만 7천 헤알로 브라질 전체 평균 대비 1.9배가 높다. 대부분의 기업 본사가 상파울루에 소재하고 있으며, 한국 교민과 한국 기업도 상파울루에 거주하거나 영업 활동을 하고 있다.

상파울루는 1954년 포르투갈 출신의 조세 지 안시에타(José de Anchieta)와 마노엘 다 노브레가(Manoel da Nobrega) 신부가 전도를 목적으로 촌락을 세운 것이 도시의 기원이 되었다. 당시 첫 미사를 올린 1월 25일은 성 바오로(Saint Paul)의 날이었다. 이는 상파울루 도시명의 유래가 되었고, 지금도 상파울루시 창립 기념일은 1월 25일로 지정되어있다. 포르투갈은 브라질을 발견한 뒤 해안을 중심으로 식민 거점을 마련했으며, 내륙에는 관심을 가지지 않았다. 해안을 중심으로 방어기지를 구축하기 위함도 있었지만, 한편으로 이해도 되는 것이 상파울루 인근 해안 도시인 산토스(Santos)에서 상파울루로 가는 고속도로 주변을 보면 해발 700~800m에 이르는 밀림으로 이루어진 산을 볼 수 있는데, 과거 제대로 된 지형정보나 안전도구 없이 이 밀림을 탐험하는 것은 목숨을 건 엄청난 도전이었을 것이다.

상파울루는 19세기 중반 이후 커피 재배와 커피 거래의 발전으로 막대한 부가 축적되면서 성장하게 된다. 상파울루의 중심 거리인 파울리스타(Paulista) 거리는 당시 커피 농장주들이 살던 곳이었다. 1888년 노예 해방이 되면서 전국의 노예들이 도시지역인 상파울루로 모여들었고, 또한 1870~2010년까지 약 230만 명에 달하는 이민자들이 상파울루로 유입되면서 상파울루는 브라질 최대의 도시가 되었다. 급작스러운 인구 증가로 도시가 무분별하게 확장되어 아직도 도로나 도시 구조가 매우 복잡한 편이다.

|파울리스타 거리

상파울루시의 크기는 1,521㎢로 서울시의 약 1.5배에 달한다. 상파울루주의 인구는 4천4백만으로 한국과 비슷한 규모며, 광역 상파울루 2천1백만, 상파울루시는 1천2백만의 인구가 사는 세계 9위 규모의 대도시다. 상파울루시는 96개의 구로 구성되어 있다. 분당, 일산이 서울 생활 경제권이듯이 상파울루도 인근 38개 도시와 함께 광역 상파울루를 상파울루 생활 경제권으로 봐야 한다. 많은 중·하층 사람들은 대중교통으로 1~2시간씩 소요되는 상파울루 주변 타 도시에서 거주하며, 상파울루로 출퇴근을 한다.

|광역 상파울루

오랜 역사를 지닌 도시이지만, 19세기에 급작스레 성장했고, 현재는 상업이 중심이 되는 도시다 보니 관광 명소가 많은 편은 아니다. 그럼에도 불구하고 상파울루는 충분히 매력적인 도시다. 빌딩 숲을 날아다니는 헬리콥터, 정장을 입고 출퇴근하는 시민들, 도심을 누비는 퀵서비스 오토바이 등 브라질의 다른 지역에서는 쉽게 볼 수 없는 치열한 도시의 삶을 느낄 수 있다. 그렇다고 차갑고 딱딱한 도시의 모습만 있는 것은 아니다. 마스피(MASP), 피나코테카(Pinacoteca) 등의 여러 미술관과 코린치안스(Corinthians), 파우메이라스(Palmeiras) 등 세계적으로 유명한 축구팀이 있어 문화생활을 즐길 수 있다. 그리고 차로 1~2시간 거리에 산토스, 과루자 등 수십 곳의 아름다운 해변을 만날 수 있다.

*Part 2*

브라질 정착

# 1. 까르또리우(Cartório)

까르또리우(Cartório)는 브라질에 거주 시 필수적으로 방문하는 곳이다. 특히 정착 초기, 각종 행정 서류와 계약서 작성 등으로 인해 많이 찾게 된다. 기능적으로는 한국의 공증 사무소와 주민 센터(동사무소)를 합쳐놓은 곳이다. 출생신고와 혼인신고, 사망신고를 할 수도 있고, 집 계약서나 땅문서 등을 등록하거나 중요한 서류의 공증도 받을 수 있다. 둘째 출생신고를 하러 집 근처의 까르또리우를 찾아갔으나, 출생신고를 받아주지 않는다고 해서 무척 당황했던 적이 있다. 알고 보니 까르또리우가 동네마다 흔하게 소재하고 있으나 지점마다 처리하는 업무가 달랐다. 따라서 본인이 필요로 하는 업무가 무엇인지에 따라서 적합한 까르또리우를 찾아가야 한다. 크게 다섯 가지 종류의 까르또리우가 존재한다.

## ※ 까르또리우별 주요 업무

**1. Cartório de Registro Civil das Pessoas Naturais**
- 혼인, 출산, 입양, 사망 신고 등

**2. Cartório de Notas ou Tabelionato de Notas**
- Procuração(권한 위임 서류 공증)
- Testamentos(유서 공증)
- Reconhece Firma(서명 공증)
- Autentica cópias(사본을 원본 서류와 동일한 효력이 있도록 하는 공증) 등

**3. Cartório de Registro de Imóveis**
- 땅, 집, 사무실 등 부동산 명의 이전 신고 및 각종 공증 등

**4. Cartório de Protestos de Títulos**
- 빚 독촉, 내용 증명 등

**5. Registro de Títulos e Documentos e de pessoas jurídicas**
- 사업자 등록 관련 서류 공증 등

| 까르또리우에서 업무를 보는 사람들

혼인, 출생, 사망 신고를 담당하는 까르또리우(Cartório de Reg-istro Civil das Pessoas Naturais) 이용 시 주의 사항이 있다. 신고 자의 집 근처에 있는 까르또리우나, 출생이나 사망한 병원 근처에 있는 까르또리우에서만 업무 처리가 가능하다. 집과 병원 근처가 아닌 다른 곳에서 신고하려고 서류를 제출하면 받아주지 않는다.

혼인신고의 경우 한국에서는 부부 두 사람이 직접 방문을 하고, 신고 양식에 혼인 사실을 증명해 줄 증인의 서명만 있으면 된다. 그러나 브라질에서 혼인신고 시 필요한 각종 서류를 까르또리우에 제출하면, 까르또리우에서는 혼인신고자 두 사람이 혼인할 것이라는 사실을 주 정부 관보 사이트에 게재한다. 이후 보름 동안 누구도 혼인에 대해 이의를 제기하지 않으면 그때 법적으로 혼인 신고를 할 수 있는 자격이 생긴다. 이후 까르또리우에서 혼인신고 날짜를 다시 안내해주는데 지정된 날에 혼인 사실을 증명해줄 두 명의 증인과 같이 방문해야 한다. 정식 혼인신고를 하는 날에 작은 결혼식 등의 이벤트를 하는 사람들도 있다.

브라질에서 한국 아이를 낳으면 한국 기관(주 브라질 대한민국 대사관 또는 상파울루 대한민국 총영사관)과 브라질의 까르또리우 두 곳에서 출생 신고를 해야 한다. 우선 브라질 측 까르또리우에서 출생신고를 하고, 출생증명서를 받아서 한국 대사관이나 영사관에 출생신고를 해야 한다. 아기가 태어나면 병원에서는 언제 어디서 출생을 하였는지 증명하는 서류를 부모에게 준다. 출생신고를 위해서는 병원에서 제공한 서류를 가지고 까르또리우에 가서 출생신고를 해야 한다. 출생신고를 하러 왔다고 하면 작성해야 할 서류를 주는데 부모와 아이에 대한 정보만 기입하면 그 자리에서 바로 출생증명서를 발급해준다. 출생신고 완료 후 아이의 브라질 신분증을 만들기 전까지는 까르또리우에서 발급받은 출생증명서를 항상 지참하는 것이 좋다. 병원, 국내선 비행기를 탈 때 항상 출생증명서를 신분증 대신 제시해야 한다.

까르또리우에서 업무 처리 시 포르투갈어가 되지 않는 경우, 통역이 가능한 지인과 동행이 필요하다. 까르또리우 직원이 묻는 말을 이해하지 못하는 경우 한국어-포르투갈어 공인번역사를 부르라고 한다. 까르또리우에 따라서 혹은 담당 직원에 따라서 포르투갈어를 하는 사람과 다시 오라고 안내하는 경우도 있지만, 운이 없으면 번역사랑 반드시 같이 오라고 하는 경우도 있다. 이런 경우 다른 까르또리우를 가면 되니깐 크게 걱정을 하지 않아도 된다. 다만 불편을 겪지 않기 위해서는 처음부터 포르투갈어가 가능한 사람과 같이 가서 일을 보는 것이 좋다.

# 2. 외국인 등록증(CRNM) 발급받기

비자와는 별도로 외국인이 브라질에 거주하기 위해서는 외국인 등록증을 발급받아야 한다. 외국인 전용 신분증 개념으로 브라질에 입국한 날 기준으로 90일 안에 발급받아야 한다. 연방경찰서(Polícia Federal) 사이트(www.pf.gov.br)에서 발급 신청을 위한 방문 일시 예약과 더불어 발급에 필요한 서류 양식을 다운로드할 수 있다.

연방 경찰서 사이트에서 Serviço - Migração - Registro(Visto, Diário Oficial) - 1. Registro com base em visto consular 페이지로 접속하면, 발급에 필요한 서류 종류(Lista de Documento), 신청서(Formulário), 방문예약 (Agendamento), 수수료 청구서(GRU)를 확인할 수 있는 링크가 뜬다.

## ※ 필요서류

○ **Formulário de solicitação preenchido**
  - 본인 서명이 들어간 신청서(이 서류 양식은 연방경찰서 사이트에서 프린트해야 함)

○ **Duas fotos 3x4, recentes, coloridas e com fundo branco**
  - 3X4 사이즈의 사진 2장(흰색 배경의 최근 촬영된 사진)

○ **Declaração de endereço eletrônico e demais meios de contato**
  - 개인정보와 집 주소 등을 기재하는 서류(이 서류 양식은 연방경찰서 사이트에서 프린트해야 함)

○ **Documento de viagem válido ou outro documento que comprove a identidade e a nacionalidade, nos termos dos tratados de que o País seja parte.**
  - 여권(사이트에는 안내되어 있지 않으나, 실제 현장에서는 보통 여권의 모든 페이지 복사본을 요청함)

○ **Certidão de nascimento ou casamento ou certidão consular ou formulário do visto, quando o documento de viagem ou documento oficial de identidade não trouxer dados sobre filiação**
  - 대부분의 브라질 신분증에는 부모의 이름이 기재되어 있다. 이것을 필리아사옹(Filiação)이라고 한다. 부모 이름이 적혀있는 신분증이 없을 경우 출생증명서를 제출하면 되는데, 한국에는 출생증명서 서류가 별도로 없기 때문에 한국에서 발급받은 가족증명서를 현지에서 포르투갈어로 공증번역을 받아야 한다. 공증번역사는 한인 타운인 봉헤치루(Bom Retiro)에서 쉽게 찾을 수 있다.

○ **Formulário original do visto/consulta ao visto no STI, conforme o caso**
  - 비자원본

○ **Comprovante de pagamento da taxa de emissão de CRNM, quando aplicável (código de receita 140120, no valor de R$204,77)**
  - 외국인등록증 발급 신청비(204.77헤알)를 납부한 영수증

연방경찰서 방문 예약 날짜에 일곱 가지의 필요 서류를 가지고 가면 된다. 그러나 현장에서 외국인 등록증을 바로 발급을 받는 것이 아니라, 접수번호(Protocolo)를 발급해준다. 이후 3~5개월 뒤 정식 외국인 등록증이 발급된다. 이때 연방경찰서에 등록증 명서(Certidão de registro)를 발급해 달라고 요청해야 한다. 이 서류는 외국인 등록증 원본의 효력을 보유하고 있으며, 원본을 대신해서 각종 행정 처리에 사용할 수 있다. 외국인 등록증 등록 증명서만 있으면 외국인 등록증 원본이 나오기 전에 브라질 운전면허증을 발급받을 수 있다.

# 3. CPF(Cadastro de Pessoas Físicas) 만들기

CPF란 브라질의 개인납세자번호다. 총 11자리 번호로 구성되어 있다. 한국의 주민등록증 번호만큼이나 여러 곳에서 항상 사용되기 때문에 모든 사람이 외우고 다니는 번호다. 2016년 6월 이후 브라질에서 태어난 아이들은 출생증명서에 이미 CPF 번호가 기재되어 있지만, 2016년 6월 이전 브라질 출생자나, 외국인은 CPF를 따로 발급을 받아야 한다. Agência de Correio라는 우체국과 Banco de Caixa라는 정부은행에 가면 CPF 발급 신청이 가능하다. 지참해야 할 서류는 브라질 시민권자의 경우 브라질의 주민등록증인 RG만 있으면 된다. 브라질 시민권자의 경우 현장에서 바로 CPF 번호를 발급받을 수 있으나, 비시민권자의 경우 Agência de Correio나 Banco de Caixa에 방문하여 CPF를 만들고 싶다고 말하고, 외국인 등록증이나 여권을 제시하면 CPF 발급 접수번호를 준다. 그리고는 연방국세청(Receita Federal)으로 가서 우체국에서 발급받은 접수번호를 주면 CPF를 발급해준다.

| CPF

　CPF를 한국에서도 발급받을 수 있다. 연방국세청 사이트 (www.receita.fazenda.gov.br/Aplicacoes/ATCTA/CpfEstrangeiro/fcpfIng.asp)에서 다운할 수 있는 CPF 발급 신청서와 여권 원본 및 사본 1매를 가지고 주 대한민국 브라질 대사관 영사과로 가서 CPF 발급 신청을 하면 된다. 이때 반드시 본인이 직접 방문을 해야 한다.

## 4. 한국 운전면허증을 브라질 면허증으로 변경하기

한국 운전면허증이 있는 경우 필기와 실기 시험 없이 간단한 신체 및 정신 검사만 받으면 브라질 운전면허증을 발급받을 수 있다. 먼저 브라질 교통국(Detran) 사이트(www.detran.sp.gov.br)에서 외국인 운전면허증 발급을 위해 방문 일시 예약을 해야 한다.

Detran 사이트 - CNH(면허증) - Habilitação estrangeira e quer adquirir a brasileira로 접속 후 Passo a Passo 부분에 있는 Marque o horário aqui로 들어가서 방문 예약을 한다.

※ Detran 방문 시 필요서류

○ Informe o número do protocolo de agendamento no momento do atendimento
  - 예약 증명서(사이트에서 방문 예약한 뒤 증명서를 인쇄함)

○ Registro Nacional de Estrangeiro (RNE), Carteira de Registro Nacional Migratório (CRNM), Documento Provisório de Registro Nacional Migratório (DPRNM), Registro Geral (RG) ou documento de identidade equivalente - original e cópia simples
  - 외국인 등록증(CRNM) 원본과 사본 1장
  * 외국인 등록증을 발급 중인 경우 Certidão de registro 원본과 사본 1장씩 제출

○ Cadastro de Pessoas Físicas (CPF) - original e cópia simples
  - CPF 원본과 사본 1장

○ Um comprovante de endereço em nome do motorista, emitido há no máximo três meses - original e cópia simples
  - 거주증명서(최근 3개월 내 본인 이름으로 된 수도, 가스 등의 공과금 우편물) 원본과 사본 1장

○ Carteira de habilitação estrangeira em categoria de veículo equivalente à pretendida no Brasil - original e cópia simples
  - 한국 운전면허증 원본과 사본 1장

○ Tradução juramentada da Carteira de Habilitação - original e cópia simples (Exceto para países de língua portuguesa)
  - 한국 운전면허증을 포르투갈어로 공증번역본 원본과 사본 1장

○ Passaporte - original e cópia simples
  - 여권 원본과 사진이 있는 부분 사본 1장

상기한 일곱 가지 서류를 제출한 뒤, 시력검사와 정신검사 (Exame médico - Aptidão física e mental)를 받아야 한다. 대부분 교통국 근처에 소재하고 있기 때문에 교통국 직원에게 위치를 물어보면 알려준다. 비용은 별도로 지불해야 한다. 간단한 시력 검사와 그림 맞추기 등 IQ 테스트와 비슷한 수준이기 때문에 쉽게 통과할 수 있으며, 포르투갈어를 잘하지 못하더라도 검사를 받는 데 큰 어려움은 없다.

검사 결과를 받아서 교통국에 제출하면, 브라질 운전면허증 발급에 필요한 비용을 지불하라고 하면서 고지서를 준다. 교통국 안에 있는 은행에서 바로 비용을 지불하고 영수증을 받아서 다시 안내해주는 곳으로 가서 제출한다. 그리고 현장에 대기하고 있다가 사진과 지문을 찍으면 발급 절차가 완료된다. 제출한 서류에 문제가 없을 경우 보통 사흘 뒤에 발급이 완료된다. 면허증을 받으러 교통국에 직접 가거나, 별도 배송비를 지불하면 우편으로 7~15일 뒤에 집으로 발송해 준다.

# 5. 임시숙소

플랫찌(Flat)는 취사가 가능한 호텔이다. 한국의 주방 겸 거실이 따로 있는 원룸이나 투룸과 비슷한 구조다. 취사와 빨래가 호텔 방에서 해결되기 때문에 장기 출장자나 정착 준비가 필요한 주재원과 이민자에게 접합한 숙소다. 인터넷 호텔 예약 사이트를 통해서 예약할 수 있다. 최근에는 airbnb를 통해 정착하는 동안 아파트를 한 달 정도 임차하는 사례도 있다. 브라질은 모든 거래에서 가격 협상이 가능하다고 보면 된다. 한 달 정도의 장기 숙박인 경우 인터넷 사이트나 애플리케이션에서 제시된 가격을 확인하고 나서, 호텔이나 집주인에게 이메일이나 전화로 가격 협상을 시도할 필요가 있다.

우리 부부는 정착 기간 동안 파울리스타대로 인근의 'Home Paulista'라는 플랫찌에서 두 달간 머물렀다. 간단한 조리도구와 세탁기가 구비되어 있어 컨테이너 짐이 도착하기 전까지 생활하기 적합했다. 투숙 전 호텔과 협상을 통해 기존 숙박료보다 약 10%의 가격을 할인을 받았다.

| 플랫찌 호텔의 주방

# 6. 집 구하기

　브라질에서 집을 구하다 보면 브라질의 찬란했던 과거와 정체된 현재 상황에 대한 아쉬움을 동시에 느낄 수 있다. 처음 도착해서 아파트를 보러 다니던 중 이지에노폴리스(Higienópolis) 지역의 한 아파트를 보러 갔었다. 집주인인 노년의 신사가 우리를 반갑게 맞이하며, 집을 소개해주었다. 겉은 조금 낡아 보이는 아파트였으나 내부는 리모델링하여 신식 아파트와 별 차이를 느낄 수 없었다. 집을 소개해주는 중간중간 이 집은 자기에게 소중한 집이라고 하는 집주인에게, "왜 이 집이 당신에게 그토록 소중합니까?"라고 물었다. 집주인은 "이 집은 내가 태어나고 자란 집이라 본인의 모든 인생의 추억을 담고 있는 집이다."라고 대답하였다. 우리 부부는 너무 놀라 몇 번이나 정말 당신이 이 집에서 태어난 것이 맞는지 되물었다. 이렇게 오래된 집이 마치 10~20년 된 아파트처럼 잘 관리되고 있다는 사실에 놀랐고, 한국에는 자동차조차 제대로 없던 시절에 미국과 유럽이 아닌 브라질에서도 이런 고층 건물들이 건설되고 있었다는 사실에 또다시 놀랐던 기억이 있다.

　상파울루에는 1920년대에 이미 30층짜리 고층 빌딩이 건설되기 시작했으며, 아직도 도심 곳곳에 오래된 건물들이 많이 있다.

그만큼 브라질의 건축 역사는 오래되었으며, 건축 기술이 뛰어나다. 세계적인 대형 건설사들도 많이 있다. 한국의 아파트들은 30년만 지나도 낡아서 재건축이 필요해 보이는데, 브라질 아파트들은 건물 형태 등 디자인이 오래되어 보이기는 하나 건물이 낡았다는 느낌을 주지 않는다. 한국의 가로수는 은행나무, 벚나무 등 획일화되어 있으나, 브라질은 나무 하나하나가 개성을 가지고 있으며 다양한 종류의 나무가 심겨 있다. 이는 브라질의 다양성을 잘 나타내는 것인데, 건물도 마찬가지다. 빌딩 모양도 획일화되어 있지 않고 각각의 개성이 있어, 건물을 구경하며 길을 걷는 재미도 있다.

| 상파울루 시내의 고층 건물

지금 살고 있는 아파트를 구하기까지 두 달 동안 40군데 이상을 방문했다. 우리도 이렇게 많은 집을 보러 다닐 거라곤 상상하

지 못했다. 마음에 드는 집이 있어 집주인과 계약하기로 했다가 계약서 작성 직전에 집주인의 변심으로 성사되지 못한 경우도 있었고, 연대 보증인을 세우라는 집주인의 요구에 계약이 무산된 적도 있었다. 브라질에서 부동산 임대 계약 시 보증인을 요구하는 경우가 많다. 개인이 될 수도 있고 회사가 될 수도 있다. 한국에서도 보증은 매우 조심스러운 문제인데, 먼 지구 반대편에서 외국인에게 보증을 서줄 사람을 찾기는 쉽지 않다. 한국의 신용 보증기관처럼 브라질에도 보증을 대신 서주는 기관이 있으나 비용이 많이 든다. 집주인과의 협상을 통해 보증인 없이 계약하는 경우도 있으며, 우리는 보증인을 세우는 대신 3개월 치 월세를 보증금으로 주고 입주를 하였다.

브라질에서는 부동산 계약을 보통 30개월 단위로 한다. 한국의 전세 계약을 2년 단위로 하는 것과 비슷한 개념이다. 30개월을 계약을 하고선 1년 이내에 퇴거할 경우 페널티가 발생한다. 그리고 퇴거 한 달 전에는 미리 공지해야만 한다. 다만, 법적으로 직장 소재지가 다른 도시로 변경된 경우 30개월을 다 채우지 못하더라도 한 달 전 임대인에게 공지만 하면 계약을 중도 해지할 수 있다. 계약 기간이 30개월로 보장되어 있다고 하더라도 매년 1년이 되는 시점에 전년도 물가 상승률만큼 월세를 올려줘야 한다. 물론 이 모든 것은 집주인과 협상을 통해 조절이 가능하나 기본적으로 브라질 사람들은 이런 조항들을 당연하다고 생각을 한다.

브라질의 아파트는 한국의 아파트와 많이 다르다. 한국의 아파트는 장판, 벽지, 붙박이장 등 내부 인테리어는 물론이고, 가스오븐 등의 기본 가전제품까지 설치되어 분양된다. 브라질의 경우 최근 한국처럼 분양되는 아파트가 있기는 하나 대부분은 아파트 건물만 건설사에서 시공하고 나머지 인테리어는 분양을 받은 사람이 별도로 해야 한다. 시멘트 벽과 바닥인 상태로 새 아파트를 구매하는 것이다. 이러다 보니 같은 단지에 있는 아파트라고 해도 집마다 내부 구조가 조금씩 다르고 인테리어는 천차만별이다. 어떤 집은 나무 바닥이고 어떤 집은 타일 바닥이다. 집주인의 취향대로 집을 꾸밀 수 있다는 장점이 있지만 인테리어를 완료하는 데만 짧게는 몇 달에서 길게는 1년 이상 걸려 새 아파트에 입주하는 것을 꺼리는 사람들도 있다. 따라서 한 아파트만 보고 같은 동의 모든 아파트가 비슷할 것이라고 생각하는 것은 금물이다. 마음에 드는 아파트 단지를 발견했다면, 단지 혹은 동내 여러 아파트를 보는 것이 필요하다.

한국식 대단지 아파트는 찾아보기 어렵다. 보통 1개 동 아파트가 많이 있으며, 단지형 아파트라고 해도 2~4개 동이 모여 있는 아파트가 대부분이다. 이유는 불안한 치안 문제에서 비롯된다. 단지형 아파트의 경우 입구에 경비원이 2~5명씩 근무한다. 거주자도 지문을 찍고 들어가거나 경비원의 얼굴 확인이 필수다. 차를 타고 주차장으로 들어갈 때도 경비원이 차 내부를 들여다보며 위협이 되는 외부인이 있는지를 확인한다. 시설이 좋은 곳은 차량 번호판 통해 몇 호에 사는 사람인지를 확인하며, 모니터에 집주인 사진이 떠 운전자 얼굴과 집주인 사진을 비교하기도 한다. 외부인의 경우 신분증을 경비실에 보여주고 인적사항을 적어야 하며, 경비실에서 인터폰을 통해 집주인에게 들여보내도 좋다는 확인을 받은 후 출입이 가능하다. 단지가 너무 크면 이런 보안 문제가 취약해지기 때문에 대규모 단지를 만들기 어려운 구조다.

| 단지형 아파트 내부 모습

남반구에 위치한 브라질에서는 한국과 반대로 북향집이 햇빛이 잘 든다. 상파울루의 날씨는 습도가 낮아 한여름에도 건물

안은 시원한 편이나 겨울에는 별다른 난방 시설이 없어 매우 춥다. 집안에서 입김이 나오며, 타일 바닥으로 된 집들이 많아 실내 슬리퍼 없이 걷기 힘든 경우도 있다. 또한 이중창이 없고, 창틀 사이의 공간도 완벽히 막히지 않아 외풍이 심하다. 브라질 사람들은 짧은 겨울을 나기 위해 난방에 투자하는 것을 꺼린다. 두꺼운 이불을 덮고 겨울을 나는 것에 익숙해져 있다. 뜨뜻한 온돌 시스템에서 자라온 한국 사람들은 만만하게 본 브라질의 겨울 추위에 큰코다친다. 따라서 가급적 북향집을 구하는 것을 추천한다.

집을 구하기 위해서는 부동산을 통하거나 집주인이 창문에 붙여놓은 임대(Aluga-se)라는 표시를 보고 찾아가야 한다. 보통 외국인들은 부동산 중개사무소나 인터넷 부동산 사이트를 통해 집을 알아본다. 한국과 다르게 복비는 집주인이 낸다. 우리는 처음에 부동산에 희망하는 집 유형과 예산을 설명하고 적합한 아파트를 찾아 달라고 요청을 했었다. 이후 중개업자가 소개해주는 집을 보러 다녔었는데, 사전에 어떤 집을 보러 가는지 알지 못한 상황에서 중개인만 따라다니다 보니 썩 마음에 드는 집을 찾기 어려웠다. 그래서 인터넷 부동산 사이트에 올라온 집 중에서 마음에 드는 집을 찾았다. 사이트에 지역, 건물 유형(아파트, 주택 등), 예산 범위, 방과 주차장 수를 입력하면 등록된 부동산을 볼 수 있다. 인터넷 부동산 사이트에 등록된 집은 대부분 부동산에서 올리는 거라서 사이트에 나오는 부동산 연락처로 전화를 해서 예약을 잡아야 한다. 사이트에 올라온 매물마다 고유의 번호가 있는데, 그 번호를 부동산에 알려주면 해당 집을 방문하여 볼 수 있도록 예약을 잡아준다.

**• 주요 인터넷 부동산 사이트 •**

| 부동산명 | 홈페이지 | 주요 매물 |
|---|---|---|
| ZAP | www.zapimoveis.com.br | 종합(주거, 상업) |
| VivaReal | www.vivareal.com.br | 종합(주거, 상업) |
| imovelweb | www.imovelweb.com.br | 종합(주거, 상업) |
| roomgo | www.roomgo.com.br | 방 임차 |

한국 교민들은 주로 한인 타운인 봉혜치루나(Bom Retiro)나 인근의 아끌리마사용(Aclimação), 바하푼다(Barra Funda) 지역에 많이 살고 있다. 주재원의 경우 모룸비(Morumbi), 파남비(Panamby), 모에마(Moema), 빌라올림피아(Vila Olimpia), 파울리스타(Paulista) 지역에 주로 거주한다. 특히 모룸비 지역에 한국 회사 사무실이 많다 보니, 모룸비와 파남비에 한국 주재원들이 가장 많이 모여 살고 있다. 국제학교가 가깝고 단지형 아파트의 편의시설이 잘 구비되어 있다. 그리고 한국인이 많이 몰려 있어 쉽게 친구를 만들고, 정보교류를 할 수 있는 장점이 있지만, 반대로 한국인 사이에 구설수가 생기기도 하며, 한인 타운과 멀어 한국 식자재를 구하기 어려운 단점도 있다. 모에마와 빌라올림피아 지역은 한국인 가정이 많지 않지만, 동네가 안전하고 식당과 카페 등이 많이 있다. 다만 이 지역은 비행기 소음이 심하다. 인근에

콩고냐스(Congonhas) 공항이 있는데 이륙과 착륙 시 모에마와 빌라올림피아 지역을 거치기 때문에 온종일 비행기 소음이 있다. 우리는 모에마에 살고 있는데 아파트 단지 내에는 비행기 소음이 있으나, 집의 베란다 방향이 공항과 반대 방향으로 되어 있어 실내에서는 소음이 거의 없다. 파울리스타는 상업 빌딩이 많이 있는 지역이다. 그러나 공휴일과 일요일에 파울리스타 거리가 차 없는 거리로 변하여 다양한 문화 공연이 펼쳐진다. 평일에는 상업 시설을 편리하게 이용할 수 있고, 주말에는 문화를 즐길 수 있다.

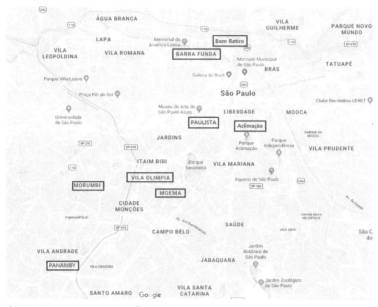

| 한국인들이 주로 거주하는 상파울루 지역

집 계약 시, 입주 전에 부동산 중개인과 집 상태를 점검한다. 비스또리아(Vistoria)라고 하는데, 벽의 페인트칠 상태는 어떤지, 파손된 곳은 없는지 같이 확인하고 문서로 기록한다. 이때 매우 꼼꼼하게 체크하고 사진도 찍어두는 것이 좋다. 계약 종료 시 문서에 기록된 상태로 원상복구를 해야 한다. 특히 페인트의 경우 입주 때 새로 칠을 하게 되면 퇴거 때 다시 칠을 해줘야 한다. 퇴거 시 한 달 월세 금액 정도를 추가로 더 주고 집주인에게 보수 및 수리를 하라고 하는 경우도 있다. 그리고 수리가 필요한 사항이 있을 경우 수리를 완료해야 입주를 하는 것으로 협상해야 한다. 계약하고 입주를 하고 난 뒤에는 부동산을 끼지 말고 집주인과 직접 소통을 하는 것이 좋다. 집수리, 계약 연장, 월세 인상 등의 사항을 부동산을 끼게 되면 시간이 더 오래 걸리고 정확한 의사 전달이 안 되는 경우가 많다. 부동산은 계약 업무 외에는 부대 업무이기 때문에 적극적으로 나서지 않는다.

수리가 필요한 부분을 집주인에게 요청하는 것 외에, 추가로 필요한 사항을 요청하는 것도 가능하다. 물론 마음씨 좋은 집주인을 만나야 가능하다. 베란다 유리 설치, 해충 방역, 방충망 설치 등 입주 전 집주인과 협의를 통해 지원이 가능한지 확인해야 한다. 브라질은 베란다에 통유리를 설치하여 마치 실내인 것처럼 인테리어를 하는 아파트가 많다. 추가 공간이 생기는 이점이 있어 유리를 선호하는 사람도 있고, 답답하다고 싫어하는 경우들도 있다. 브라질의 베란다는 한국처럼 빨래를 건조하고, 화분을 키우는 용도가 아니라 고기를 구워 먹거나, 소파를 배치하여 휴식의 공간으로 활용하는 경우가 많다. 바비큐 시설이 베란다 벽에 설치되어 있는 아파트도 있다. 방충망의 경우 한국처럼 창에 고정하는 방식이 있고 부직포로 탈부착이 가능한 제품이 있다. 입주 전에 집에 개미나 바퀴벌레 등의 해충이 있는 경우 전문 업체를 통한 해충 방역을 하는 것이 좋다. 마트에서 파는 해충 약을 여기저기 설치해도 쉽게 사라지지 않는다. 우리의 경우 입주 시 방역을 하지 못해 한동안 개미로 인해 고생했었다. 다행히 옆집에서 같이 방역을 하자고 제안을 해 주었다. 자기네들만 방역하면 아마 우리 집으로 해충들이 옮겨올 수 있으니 같이하자는 제안이었다. 한 번 방역으로 약 3년간은 개미를 집안에서 볼 수 없었다. 일반적으로 방역업체는 방역을 하고 나서 6개월 안에 벌레가 나오면 다시 돈을 받지 않고 방역을 해준다.

상파울루에는 기본적으로 127v를 사용하며, 주방과 다용도실 등 일부 공간에 220v 콘센트가 있다. 우리의 경우 한국에서 가져온 냉장고, 전기밥솥 등이 모두 220v였으나 주방에 220v 콘센트가 하나밖에 없어 난감했었다. 변압기를 사용해야 하나 고민을 했으나, 간단한 공사를 통해 110v를 220v로 바꿀 수가 있었다. 변압을 희망하는 곳 주변에 220v 콘센트가 하나라도 있어야 다른 콘센트로도 220v 선을 끌어올 수 있다. 공사를 해줄 사람은 아파트 경비실에 문의해서 연락처를 받았다. 보통 아파트마다 각종 공사를 담당하는 단골 업체가 있다. 혹시 경비실을 통해

| 베란다에 유리를 설치한 아파트(下)와 설치하지 않은 아파트(上)

소개를 받지 못하는 경우 구글에서 'Eletricsta em 지역 이름'으로 검색을 하면 공사를 하는 업체들이 나온다. 최근에는 'GET NINJAS'라는 애플리케이션으로 간단한 공사를 하는 인부를 찾을 수 있다. 우선 견적을 받아야 하므로 공사를 담당할 사람을 집으로 불러야 한다. 공사가 가능한지, 몇 개의 콘센트를 변경할 것인지 등을 검토하여 견적을 내주는데, 현금으로 결제를 하면

보통 5~10% 할인을 해준다. 회사마다 가격이 천차만별이니 여러 곳에서 견적을 받는 것이 좋다. 견적을 받기 위해 예약을 잡을 때 답변이 느리거나, 방문 약속 시각을 지키지 않는 업체와는 계약하지 않는 것이 좋다. 계약 후에도 똑같이 행동할 가능성이 높기 때문이다. 참고로 전기 공사는 집주인이 220v를 원치 않으면 계약 기간 종료 후 원상복구를 해야 한다.

# 7. 인터넷과 TV 설치하기

　집을 구하고 이사를 하면 가장 먼저 서두르는 것이 바로 인터넷 설치일 것이다. TV 없이는 살아도 인터넷 없이는 하루도 버티기 힘든 세상이 되어 버렸다. 브라질에도 한국처럼 대형 통신사들이 인터넷, 휴대폰, 집 전화, TV 서비스를 제공하고 있으며, 패키지로 서비스를 신청할 경우 많은 할인 혜택을 받을 수 있다. 주요 통신사 중 한 곳인 Vivo의 경우 100메가 속도의 인터넷만 신청할 경우 한 달에 149.99헤알을 내야 하고, 35개의 채널이 나오는 TV 플랜의 경우 164.90헤알을 내야 한다. 그러나 100메가의 인터넷과 35개의 채널 플랜, 집 전화까지 패키지로 서비스를 이용할 경우 한 달에 249.90헤알만 내면 된다. 여기에 휴대폰 요금제를 연동하면 월 50GB 인터넷 데이터를 서비스로 제공해준다. 통신사마다 요금제도 천차만별이며, 휴대폰, TV, 인터넷 중 일부만 취급하는 통신사도 있기 때문에 소비패턴과 요금 수준을 고려해서 적합한 통신사를 선택해야 한다.

　인터넷과 TV 설치를 신청하면 통신사에서는 먼저 주소를 문의한다. 아파트의 경우 몇 동, 몇 호인지도 확인을 한다. 이는 통신사에서 지역(동네)별로, 그리고 한 아파트 내에서도 동별로 인터넷을 제공할 수 있는 가구 수가 제한되어 있기 때문이다. 예를 들어 같은 아파트라고 하더라도 A동에서는 통신사에 가입된 고객이 많아 설치가 불가능하나 B동에서는 고객이 별로 없어 설치가 가능한 상황이 발생할 수도 있다. 따라서 마음에 드는 통신사의 서비스 요금제가 있어도, 주거 지역에 따라 서비스 이용에 제약이 발생할 수 있다.

 TV 프로그램은 이용 가능한 채널 수에 따라 가격이 다르다. 집 내부에 TV 케이블을 설치하는 곳(벽면의 케이블 콘센트)을 뽄뚜(Ponto)라고 부르는데, TV를 설치하는 뽄뚜 수에 따라 월 추가 비용이 발생한다. 요금제에 따라 무료로 설치가 가능한 TV 수가 늘어나기도 한다. 예를 들어 제공되는 채널 수가 많은 요금제의 경우 2개 이상의 뽄뚜 이용이 가능하다. 하지만 가장 기본인 요금제의 경우 하나만 제공하기 때문에 거실에 설치하고 방에도 TV를 설치할 경우 월 추가 비용이 발생하는 것이다. 따라서 TV 요금제 선택 시 집에 몇 개의 TV를 이용할 것인가도 고려를 해야 한다.

## • 통신사 별 제공 서비스 및 주요 요금제 •

| 통신사 | 제공서비스 | | | | 요금 |
|---|---|---|---|---|---|
| | 인터넷 | TV | 집전화 | 휴대폰 | |
| VIVO | O | O | O | O | TV 61채널+인터넷 100메가+집전화 무제한 = 249.89헤알 |
| NET* | O | O | O | | TV 119채널+인터넷 120메가+집전화 무제한 = 208.99헤알 |
| CLARO* | | | | O | |
| OI** | | | | O | |
| TIM | O | | | O | 인터넷 150메가 = 120헤알 |

\* NET와 CLARO는 제휴를 통해 인터넷, TV, 집 전화, 휴대폰을 통합 운영함. CLARO를 통해 NET 인터넷 가입 가능

\*\* OI는 상파울루 지역에서 휴대폰 서비스만 제공함

# 8. 휴대폰 개통하기

휴대폰 요금 시스템은 크게 두 가지로 구분된다. 선불요금제(Pré-Pago)와 후불요금제(Pós-Pago)가 있다. 2018년 기준 브라질에 등록된 휴대폰은 2억 3,182만 대가 넘는다. 이중 선불요금제를 사용하는 이용자가 전체의 57.53%로 후불제 이용자보다 더 많다. 이는 월 가구소득이 1,915달러 이하인 계층이 전체 인구의 약 90%를 차지하기 때문에 정액 요금제에 대한 수요가 낮으며, 다양한 요금제를 제공하는 선불 요금제의 질 좋은 서비스가 있기 때문이다.

선불요금제는 유심칩을 사서 필요할 때마다 요금을 충전해서 사용하는 것이다. 통신사 유심칩을 구매하기 위해선 CPF와 신분증이 있어야 한다. 선불요금제도 전화만 가능한 요금제와 전화+데이터 사용이 가능한 요금제가 있어, 유심칩 구매 시 선택해야 한다. 유심칩 가격은 10~20헤알 정도다. Claro 통신사의 데이터 사용이 가능한 요금제의 경우 일주일에 15헤알 정도면 4G 데이터를 1~2GB가량 사용할 수 있다. 통신사마다 칩 가격과 인터넷 요금이 다르기 때문에 사전에 비교하는 것이 필요하다. 충전은 약국, 마트, 방까(Banca, 한국의 버스 정류장 옆에서 신문, 잡지, 담배, 음료 등을 파는 가판대와 비슷한 작은 슈퍼)에서 통신사를 말하고 자신의 번호를 알려주면 충전을 해준다.

**· 선불 요금제 비교 ·**

| 통신사 | 제공 데이터 | 전화 | 어플 | 7일 요금(헤알) |
|--------|------------|------|------|----------------|
| Vivo | 2GB | 40 분 | Whatsapp 무제한 | 14,99 |
| Tim | 2GB | 무제한 | Whatsapp 무제한 | 9,99 |
| Claro | 1GB (+1GB보너스) | 무제한 | Whatsapp 무제한 | 9,99 |

    후불요금제의 경우 가입 시 CPF, 신분증과 더불어 거주증명서가 있어야 한다. 거주증명서는 본인의 이름이 기재된 전기, 수도, 가스 등의 고지서를 보여주면 된다. 통신사마다 프로모션 하는 요금제가 다양하기 때문에 나에게 맞는 요금제를 잘 선택해야 한다. 우리가 사용한 요금제는 한 달에 110헤알(약 3만3천 원)짜리로 데이터 7GB(유튜브와 넷플릭스 동영상 시청 7GB 별도 제공)와 통화, 문자 무제한 요금제였다. 선불요금제와 후불요금제가 결합된 형태도 있다. Claro의 69헤알짜리 플랜의 경우, 제공되는 통화나 데이터량를 모두 소진할 경우 자동으로 전화나 데이터가 막힌다. 추가로 통화나 데이터 사용을 원하는 경우 선불요금제처럼 근처 약국이나, 마트, 방까에서 요금 충전을 해서 사용할 수 있다.

    배우자나 가족끼리 같이 개통을 할 경우 할인 혜택을 누릴 수 있다. 예를 들어 가족 요금제로 데이터 60GB를 선택하면 3인 또는 4인 가족이 60GB 데이터를 나눠서 사용하는 것이다. 1명이 50GB를 사용하고 나머지 두 명이 각각 5GB를 사용해도 되며, 데이터 총량 내에서 가족 전체가 사용 가능한 요금제이다.

**•TIM 통신사 요금제•**

| 구분 | 제공 서비스 및 요금 | | | | |
|---|---|---|---|---|---|
| 제공 데이터 | 6GB | 8GB | 10GB | 15GB | 50GB |
| 보너스 데이터 (유투브 등 동영상 시청용) | 6GB | 8GB | 10GB | 15GB | 50GB |
| 데이터 소진 없이 무제한 이용 가능한 어플리케이션 | Waze, WhatsApp, Easytaxi | Waze, WhatsApp, Easytaxi, Twitter, Facebook, Instagram | | | |
| 전화 | 무제한 | | | | |
| 월요금(헤알) | 89.99 | 119.99 | 139.99 | 179.99 | 249.99 |

고객을 가장 많이 보유한 통신사는 VIVO-Claro-TIM-Oi 순이다. Mobile Network Experience Report에 따르면 4G가 작동하는 가장 많은 도시를 보유한 통신사는 TIM이다. 그러나 고객 불만이 가장 많은 통신사도 TIM인 것으로 나타났다. 인터넷 다운로드/업로드 속도가 가장 빠른 통신사는 Claro다. 가장 많은 사람이 사용하는 VIVO의 경우 일상생활에서 통신 신호가 가장 잘 잡힌다고 입소문이 나 있다. 이는 3G가 가장 잘 터지는 통신사가 VIVO인데 브라질은 도시를 벗어나면 4G가 되지 않는 곳이 많고, 데이터 무제한 요금제가 없기 때문에 4G 데이터를 다 쓴 경우 3G로 넘어감에 따라 자연스럽게 3G를 사용하는 수요가 아직도 많이 있다. 이에 3G가 잘 터지는 VIVO를 사람들은 신호가

잘 잡히는 통신사로 여긴다.

휴대폰은 통신사 매장, 쇼핑, 가전제품 매장, 대형마트 등에서 구매가 가능하다. 그러나 동일 모델이라도 가격이 매장마다 천차만별이다. 갤럭시 S9 플러스를 구매하기 위해 약 열 군데 이상을 방문하여 가격 비교를 하였고, 최고가와 최저가가 약 30만 원 차이가 났었다. 한국처럼 통신사 불법 보조금이 있는 것도 아닌데 매장마다 마진율이 제각각이다. 용산이나 강변처럼 휴대폰 매장이 몰려 있는 것도 아니기 때문에 휴대폰 구매 시 하루 정도는 발품을 팔 필요가 있다.

통신사에서 휴대폰을 구매할 경우 약정을 걸어서 기기값을 할인받을 수 있다. 한국처럼 지원금이 법적으로 정해져 있는 것은 아니다. 통신사 직원들은 할인을 내세우며 약정 요금제 가입을 권한다. 그러나 약정(Fidelidade) 가입 시 주의를 해야 한다. 약정 기간을 다 채우지 못하고 중도 해지할 경우 높은 위약금을 내야 한다. 중도 해지 시 위약금이 얼마인지 안내가 되어 있지 않고 통신사 직원도 고객이 먼저 물어보지 않는 이상 자세히 안내해 주지 않는다. 따라서 통신사를 얼마나 오랫동안 사용할 것인지, 얼마나 오랜 기간 브라질에 체류할 것인지 등을 고려해서 요금제에 가입해야 한다.

## • 브라질 생활에 유용한 애플리케이션 •

| 어플리케이션 | 내용 |
|---|---|
| Waze | 내비게이션 |
| Radarbot | 교통단속 카메라 안내 |
| Zona Azul | 길거리 주차 티켓 구매 |
| Uber | 공유 자동차 호출 서비스 |
| São Paulo Metro | 지하철 노선 정보 |
| Cadê o ônibus | 버스 노선 정보 |
| 99Taxi | 택시 호출 |
| Yellow | 자전거, 킥보드 대여 |
| ClickBus | 고속버스 검색 티켓 구매 |
| Decolar | 항공권 검색 및 구매 |
| Get Ninjas | 강사, 수리기사 등 각종 인력 소개 |
| Peixe Urbano | 식당, 스파 등 할인 쿠폰 제공 |
| Grubster | 식당 검색 및 쿠폰 제공 |
| Ifood | 음식 배달 서비스 |
| Rappi | 음식 배달 서비스, 장보기 대행 |
| Ingresso Rápido | 영화, 연극 등 티켓 구매 |

# 9. 은행 계좌 만들기

브라질에는 약 100여 개의 은행이 있다. Itaú, Banco do Bras-il, Bradesco, Santander 등 주요 은행과 더불어 우리은행, KEB 하나은행, SC 스탠다드차타드, 산업은행 등 한국에서 브라질로 지점을 낸 은행들도 있다. 어느 은행이든 계좌를 만들기 위해서는 기본적으로 자신의 소득을 증명해야 한다. 한국에서는 신용카드를 만들거나, 대출을 받을 때 필요한 소득증명서(Compro-vante de renda)를 브라질에서는 계좌를 만들 때도 필요하다. 주재원의 경우 소득이 증명되어 계좌를 발급받을 수 있으나, 해당 가족의 경우 소득 증명이 되지 않기 때문에 계좌 발급이 되지 않는다. 이때 주재원의 신분으로 계좌를 발급받고, 해당 계좌에 사용자 명의(Titular)를 추가 등록하면 하나의 계좌에 가족 명의의 신용카드나 체크카드를 추가로 발급받을 수 있어 생활의 불편을 덜 수 있다. 혹은 현지 대학교에서 포르투갈어 수업을 등록하고 입학등록증을 받은 뒤, 학생 신분으로 계좌를 열 수 있다. 학생 신분인 경우 소득증명 없이 계좌를 개설할 수 있으나 신용카드는 발급받을 수 없다.

계좌는 크게 세 가지로 구분된다. 자유입출금 개념의 Conta corrente, 자유입출금 예금 개념의 Poupança, 예금 개념의 CDB 가 있다. 주요 은행에서 계좌를 만들면 Conta corrente와

Poupança는 기본적으로 만들어진다. 은행 상품에 따라 계좌 관리 유지비가 발생하기 때문에 한국으로 돌아갈 경우 반드시 계좌를 해지해야 한다. 만약 계좌를 해지하지 않고 한국으로 돌아갈 경우 계좌 관리 유지비가 쌓이게 된다. 그리고 한국의 예금 상품처럼 기간을 정해놓고 운용하는 CDB의 경우 외국인 등록증의 기한이 마감되는 시점에 자동으로 CDB가 해지되어 Conta corrente 계좌로 돈이 이체된다. 따라서 외국인 등록증 만료 기한이 넘지 않도록 갱신에 주의해야 한다.

은행에 현금을 입금하기 위해 창구에 가면 당황스러운 광경을 볼 수 있다. 금액이 큰돈도 계수기를 사용하지 않고, 행원이 손으로 금액을 확인한다. 위조 지폐를 확인하기 위함이나, 정확하게 돈을 세었는지 100% 믿기 어렵기 때문에 사전에 반드시 금액을 확인해야 한다. ATM기를 이용하여 현금을 입금하는 경우, 은행에서 주는 봉투에 계좌 및 금액 정보를 적어 ATM기에 넣어야 한다. Santander 은행 기준으로, 한 번에 입금 가능한 최대 금액이 3천 헤알이기 때문에 큰 액수인 경우 은행 창구를 이용해야 한다.

## ※ 은행 관련 용어

Nome do banco: 은행 이름

Conta corrente (C/c): 계좌번호(자유입출금)

Agência (Ag): 은행 지점번호

Nome do titular: 계좌 소유주 이름

CPF/CNPJ: 계좌 소유주 CPF(개인납세자번호)/CNPJ(사업자번호)

Cartão: 카드

Pagamento: 수납, 지불

Transferência: 계좌이체

Poupança: 자유입출금 예금 계좌

Saque: 출금

Saldo: 잔액

Extrato: 계좌 거래 내역

Depósito: 입금

2ª via de comprovante: 두 번째로 발급하는 거래증명서

Talão de cheque: 백지수표

# 10. 자동차 사고팔기

브라질에서 중고차 판매는 충격적인 기억으로 남아 있다. 타던 차를 팔기 위해 여러 매매상에서 견적을 받으나 가격이 천차만별이었다. 가격을 잘 쳐준다는 한 중고 매매상을 소개받고 연락을 하였다. 매매상은 이것저것 문의를 하더니 대략적인 금액을 제시하였다. 제시받았던 여러 견적 중 가장 높은 가격이었다. 매매상에서 약속한 날짜에 차량을 보러 왔다. 차량 외관만 대충 보더니, 시승을 하지도 않고 구매를 하겠다고 하였다. 당황한 우리는 운전도 해보시고, 엔진룸도 열어보셔야 하는 것 아니냐고 오히려 문의하였다. 매매상은 괜찮다고 하더니 차량 등록증 등 몇 가지 서류를 받고서는 바로 제안했던 금액을 입금해주었다. 많은 사람이 브라질은 느리다고 한다. 하지만 브라질에서 일하고 생활하며 느낀 점이 있다. 브라질 사람들은 본인들이 필요로 하는 일은 매우 서두르고 일 처리도 상상을 초월할 정도로 빠르다는 것이다.

중고차량 매매상 방문 전 온라인 사이트를 통해 중고차량 구매 시세 확인이 가능하다. 브라질은 각종 세금으로 인해 차량 가격이 높다. 현대 산타페 신차가 원화로 약 5,850만 원에 달한다. 이로 인해 어지간한 중고차 가격이 한국의 신차 가격과 비슷하다. 판매 시세의 경우 www.kbb.com.br이라는 사이트에 접속하면 모델, 연도, 대략적인 차량 상태를 통해 중고차 구매와 판매 시세 확인이 가능하다. 혹은 중고차 판매 온라인 사이트에 접속하여 차량 견적 예약을 신청하고 영업소에 방문하여 견적을 받아 볼 수 있다.

• 주요 중고차 판매 사이트 •

| 사이트명 | 주소 |
|---|---|
| Webmotors | www.webmotors.com.br |
| i carros | www.icarros.com.br |
| Grupo SINAL | www.gruposinal.com.br |

신차의 경우 한국과 마찬가지로 거리에 있는 자동차 판매점에 방문하여 구매 견적 확인 및 테스트 시승이 가능하다. 차량 주문 및 입금 후 수령까지 짧게는 한 달에서 길게는 삼 개월 이상 기다려야 한다. 구매 시 필요한 서류는 신분증, 운전면허증, CPF, 거주증명서가 필요하다. 현금 일시불로 낼 경우 딜러와 협상을 통해 5~10%까지 할인이 가능하다. 일시불이 아니더라도 할부 조건 등에 따라 일부 할인을 받을 수 있다.

브라질에서 생산되는 차량은 대부분 중소형 모델이다. 2018년 기준 브랜드별 시장점유율은 GM(17.6%), 폭스바겐(14.9%), 피아

트(13.2%), 포드(9.2%), 르노(8.7%), 현대자동차(8.4%) 순위며, 가장 많이 판매되는 차량은 GM의 ONIX가 15만 대로 1위를 기록했고 현대자동차의 HB20이 12만 대로 2위를 차지하고 있다. 현대자동차는 브라질에 공장을 세워 연간 19만 대를 생산하고 있고, 기아자동차의 경우 완성차를 수입하여 판매하고 있다. 높은 세금과 유지비용으로 인해 수입차는 전체 신차 판매량의 12%만을 차지하고 있다. 그리고 브라질은 중고제품 수입이 금지되어 있어, 수입 중고차가 존재하지 않는다.

차를 구매하면 가장 먼저 해야 하는 것이 방탄 혹은 강화 필름을 장착해야 한다. 세계에서 총기 사망사고가 가장 많은 나라가 브라질이다. 그리고 방탄 차량이 가장 많은 나라도 브라질이다. 불법 총기가 약 800만 개에 달하는 것으로 추정되고 있다. 빈민촌에서만 발생하는 것도 아니다. 총기 사고 예방을 위해 방탄차를 많이 타고 있으나 비싼 가격, 지나치게 무거워지는 차량 중량과 뒤 창문을 열 수 없는 불편함, 급격히 떨어지는 중고차 시세 등으로 인해 부유층에서 주로 이용한다. 준·중형차 기준 신차 구매 시 5~6만 헤알에 방탄 옵션을 추가할 수 있다. 현지에서 판매량 2위를 기록하고 있는 현대자동차의 HB20 승용차 가격이 4~5만 헤알 정도니 일반인들이 구매하기는 부담스러운 가격이다. 방탄 기능이 없는 중고차량의 경우 방탄 설치를 해주는 사설 업체에서 설치가 가능하다. 방탄 기능은 단순히 창문만 적용되는 것이 아니라 차를 다 분해해서 문틈에도 방탄 장치를 한

다. 타이어도 특수 타이어로 총을 맞더라도 일정 속도로 운행이
가능하다.

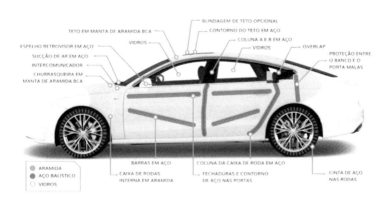

| 방탄차의 방탄 가능 범위

방탄차가 부담되는 경우 강화필름(Película Antivandalismo)이라
도 필수로 부착해야 한다. 총기뿐만 아니라 돌이나 망치 등으로 신
호대기 중인 차량의 창문을 부수고 들어오는 강도가 있기 때문이
다. 총알은 막을 수 없지만, 둔기에 의한 충격은 상당 시간 방어가
가능하다. 단 창문이 모두 닫혀 있어야 방어가 가능하다. 조금이
라도 열려 있으면 외부 충격에 쉽게 파손된다. 자외선 차단 기능이
같이 있으며 색을 고를 수 있다. 브라질 교통법상 앞 유리는 너무
어둡게 할 수 없다. 강화 필름 가격은 매장마다 가격 차이가 많이
난다. 현대자동차 CRETA(소형 SUV) 기준 견적을 받았을 때 가장

싼 곳은 1,500헤알, 가장 비싼 곳은 2,800헤알로 약 2배 가까이 차이가 났다. 강화 필름을 부착하는 업체는 길거리에서도 쉽게 찾아볼 수 있을 정도로 활성화되어 있으니 여러 곳에서 견적을 받아 봐야 한다.

# 11. 가전제품 구매하기

　빨리빨리 문화에 살다가 온 한국인에게는 브라질에서 가장 적응하기 힘든 것이 기다림일 것이다. 1개월. 브라질에서 가전제품 매장에서 에어컨을 구매하고, 집에 설치가 완료될 때까지 소요되는 기간이다. 높은 세금으로 인해 가전제품이 한국보다 매우 비싸다는 것보다 더 당황스럽게 만드는 것이, 가전제품을 구매했다고 바로 사용할 수 있는 것이 아니라는 것이다.

　한국에서는 에어컨을 구매하면 가전제품 회사에서 기사를 파견하여 제품 배송, 설치 서비스를 제공해주나, 브라질에서는 모든 과정이 따로 분리되어 있다. 브라질 가전제품 회사는 에어컨을 집에까지만 배달해준다. 설치는 주인이 직접 하거나 별도로 사람을 불러야 한다. 설치를 해주는 사람에게 설치 견적을 받기 위해 집으로 부르는 것만으로도 설치비와는 별도로 100~200헤알을 내야 하는 경우도 있다. 만약 에어컨 실외기 설치를 위해 벽을 뚫거나 페인트칠을 다시 해야 하는 경우, 공사를 해줄 사람을 또 별도로 구해야 한다. 에어컨 설치를 해주는 사람이 공사까지 하진 않는다. 공사를 하는 사람을 찾아 견적을 내고 공사를 하는 것에도 또 비용과 시간이 소요된다. 설치와 공사도 바로바로 되는 것이 아니기 때문에 결국 에어컨을 달기까지 한 달이라는 시간이 소요된다.

세탁기, 건조기, 가스레인지처럼 설치가 간단한 제품의 경우는 물건을 배달 받은 다음, 배달을 온 날이 아닌 별도의 다른 날에 기사가 와서 설치해준다. 물론 설치비용을 따로 지불해야 한다. 같은 매장에서 여러 가전제품을 사도, 제품별로 배달 날짜와 설치 날짜가 제각각이다. 배달도 정확한 도착 시각을 알려주는 것이 아니라, 오전이나 오후쯤에 가겠다고 알려준다. 운이 좋으면 반나절, 운이 나쁘면 하루 종일 설치기사를 기다려야 한다. 따라서 가전제품을 구매하는 경우 충분한 시간을 두고 미리 구매를 해야 한다.

• 주요 가전제품 유통회사 •

| 유통사 | 사이트 |
| --- | --- |
| Fast Shop | www.fastshop.com.br |
| Magazine Luiza | www.magazineluiza.com.br |
| Americanas | www.americanas.com.br |
| Pontofrio | www.pontofrio.com.br |
| Casas Bahia | www.casasbahia.com.br |

Sam's Club 등 유료 회원제로 운영되는 마트에서도 가전제품을 저렴하게 구매할 수 있다. 또한 제품에 문제가 발생했을 때도 적극적으로 소비자 편에서 대응해준다. 우리 부부는 최저 영상 3도까지 내려가는 추운 상파울루의 겨울을 나기 위해 Sam's

Club에 가서 브라질 가전제품 회사에서 제조한 라디에이터를 구매했다. 그러나 일주일 뒤 라디에이터가 방 안에서 작동 중에 터지는 사고가 발생하였다. 아비규환이 되어 기름 범벅인 두 아이를 데리고 병원 응급실로 갔었다. 다행히 크게 다친 곳은 없었으나 자칫 큰 사고로 이어질 수 있는 아찔한 상황이었다. 다음날 라디에이터 제조사에 전화하여 사고 사실을 알렸으나 제조사에서는 담당자 연결을 핑퐁 하더니 결국 대답은 우리가 제품을 직접 들고 제조사 서비스 센터로 가져가면 담당 기술팀에서 제품 하자로 인한 폭발인지 확인하겠다며 고자세적인 모습을 보였다. 기름이 줄줄 흐르는 라디에이터를 들고 먼 서비스 센터까지 가는 것도 일이고 가서도 몇 시간씩 대기해야 할 것이 자명하기에 지난 사고를 잊기로 하였다.

며칠 뒤 Sam's Club에 장을 보러 간 우리는 마트 담당자에게 위험한 제품을 팔고 있다는 사실을 알리고자 우리가 겪은 일을 얘기하였다. 담당자는 거듭 미안하다는 말과 함께 마트 차원에서 제조사에 연락하겠다고 하였다. 우리는 무언가를 바라는 마음이 아니라 제2의 피해를 막고자 제품의 위험성을 알리기 위해 마트 담당자를 만난 것이었고, 마트에서 위험한 제품을 팔아서 미안하다는 사과까지 받은 상황이라 가벼운 마음으로 집으로 돌아왔다. 집에 돌아온 몇 시간 뒤 상상도 못 했던 일이 벌어졌다. 제조사에서 우리에게 연락을 해 온 것이다. 그렇게 전화 연결이 안 되던 담당자가 주말에 연락해온 것이다. 담당자는 사과와 함께 지금 당장 사고 제품을 가지러 우리 집으로 오겠다고 하였다. 2시간 뒤 제조사에서 정말로 물건을 받으러 왔다. 이유 불문 제품 교환 또는 환불을 해주겠다고 하더니 다른 피해가 있는 사항까지 모두 알려주면 배상을 해주겠다고 하였다. 브라질에도 대형 유통망과 제조사 간 갑을 관계가 있다고는 들었지만, 유통망의 힘이 정말 강력하다는 것을 새삼 체험하게 되었다. 한편으로는 개인 소비자의 연락은 대응하지 않고 유통망의 말에는 즉각 대응하는 제조사의 이중적은 행태에 씁쓸함을 느끼게 되었다. 가전제품의 경우 제조사 매장에서 사는 것보다 대형마트에서 사는 것이 어쩌면 더 현명한 소비인지도 모르겠다.

|Sam's Club 가전제품 코너

# Part 3

## 일상생활

# 1. 교통

## 1) 악명 높은 교통체증

브라질 상파울루의 교통체증은 악명이 높다. 교통 데이터 분석 업체인 INRIX에 따르면 2018년 1인당 출퇴근 시 발생하는 지연 시간을 기준으로 상파울루가 세계에서 다섯 번째로 교통체증이 심한 도시로 조사되었다. 2천1백만 명에 이르는 매트로 상파울루 인구, 열악한 교통 인프라 외에도 노후화된 자동차의 고장으로 인한 정체, 지나치게 많이 구축된 비보호 좌회전 교통 체계 등으로 인해 출퇴근 시간뿐만 아니라 온종일 교통 체증이 발생한다. 그러나 12월부터 카니발까지의 휴가 기간에는 타 기간보다 운행되는 차량 수가 급격히 줄어든다.

| 악명 높은 상파울루의 교통체증

상파울루에서는 교통 문제를 해결하기 위해 차량 5부제를 실시하고 있다. 차 번호판의 끝 번호를 기준으로 1, 2번은 월요일, 3, 4번은 화요일, 5, 6번은 수요일, 7, 8번은 목요일, 9, 0번은 금요일에 오전 7~9시, 오후 5~8시 사이 상파울루시 주요 구간에 한해 운행이 금지된다. 중산층 이상의 가구에서는 차량 5부제를 피하기 위해 번호판 끝자리를 다르게 하여 차량을 2대씩 보유하는 경우가 많다.

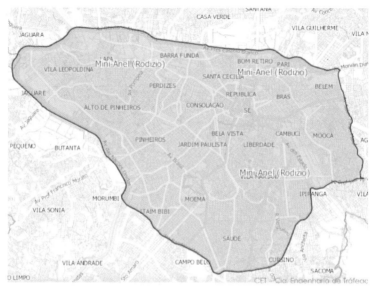

|상파울루 시 차량 5부제(RODIZIO) 적용 지역

　최상류층의 경우 교통 체증과 치안 문제를 해결하기 위해 헬리콥터와 개인 비행기를 이용한다. 상파울루는 전 세계에서 헬리콥터 택시가 가장 많은 도시이며, 우버의 헬리콥터 택시 서비스가 처음 시행된 곳이다. 상파울루 시내 중심지에 콩고냐스 공항이 있다. 도심에 있다 보니 소음 피해도 크고, 고층 아파트와 불과 몇 미터 떨어지지 않은 높이에서 착륙을 한다. 마치 액션 영화에서 비행기가 불시착륙을 하는 한 장면을 보는 듯하다. 도심의 제한된 장소로 인해 활주로도 짧은 편이다. 실제로 2007년에 착륙을 시도하던 비행기가 활주로를 이탈하여 건물을 덮치는 바람에 199명의 사람이 사망하는 사고가 발생하기도 했다. 이런 생

활 불편과 위험이 있음에도 불구하고 이 공항이 시내 중심에서 운행되고 있는 이유가 궁금했다. 브라질 친구의 말이, "콩고냐스 공항에 얼마나 많은 개인 비행기가 있는지 아느냐. 과거 군사정권 시대에도 정부가 공항을 이전하려 했으나 기득권층의 반대로 성공하지 못했다."라고 하였다. 브라질에서 개인 비행기와 헬리콥터, 콩고냐스 공항은 기득권층의 힘을 보여주는 단적인 예로 볼 수 있다.

## 2) 브라질에서 운전하기

브라질에서 운전하는 것은 어렵지 않다. 교통체증과 복잡한 도로 구조의 어려움은 있으나, 교통 시스템은 한국과 큰 차이가 없기 때문에 어려움 없이 운전할 수 있다. 운전자들은 양보를 잘 해주므로 눈치 보며 끼어들기를 할 필요도 없다. 불법 좌회전 등 교통위반을 하려는 차량에도 양보를 해주느라 오히려 정상 운행 중인 차량의 통행까지 방해하여 교통 체증을 유발하기도 한다.

운전자 간 커뮤니케이션은 한국과 다른 면이 있다. 정차를 했다가 도로로 진입을 하는 경우, 주차장에서 나와 도로로 진입을 하는 경우, 비보호 좌회전 등을 할 때 양보를 할 테니 도로로 진입을 해라는 신호를 일명 쌍라이트라 불리는 하이빔 라이트를 연속으로 깜빡거리거나, 크락션을 짧게 연속으로 빵빵거린다. 이 경우 양보를 받은 운전자 또한 감사의 표시로 동일한 액션을 취하거나 상대방 운전자에게 엄지손가락을 세워 따봉 표시를 한다. 한국에서는 빵빵거리거나 하이빔을 깜빡거리는 게 항의의 표시인데 브라질은 감사와 양보의 표시이다.

IT 기술의 발달로 목적지로 가는 길을 쉽게 찾을 수 있다. 브라질은 소형차가 많이 판매되어 내비게이션 옵션이 없는 경우가 많으며, 중형차 이상의 차량에도 내비게이션을 잘 장착하지 않는다. 주로 WAZE와 구글맵 등 스마트폰 내비게이션 애플리케이션을 이용한다. 최단 시간 경로를 안내해주다 보니 가끔 위험한 지역을 통과하는 길을 안내하기도 한다. 따라서 주로 왕래하는 지역 중 어디가 위험한 동네인지는 파악해두는 것이 좋다. 주재원들은 저마다 한 번씩 내비게이션만 믿고 따라가다 파벨라(Favela)라 불리는 위험한 빈민가를 통과한 경험담을 말하곤 한다. 모든 길에서 항상 강도 등의 위험으로부터 긴장해야 하지만 스스로 위험지역을 찾아가는 일은 없도록 주의를 기울여야 한다.

시내 이면도로는 일방통행 길이 많다. 정체가 심한 상황에서 길을 잘못 들게 되면 일방통행이라 유턴을 할 수 없어 한참을 돌아가야 하는 상황이 발생한다. 상파울루 기준으로 시내 주요 도로는 속도제한이 50~60㎞, 이면도로는 40~50㎞로 한국보다 제한 속도가 낮은 편이다. 일부 도로는 차선별로 속도 제한이 다른 경우가 있기 때문에 표지판의 속도제한을 유심히 봐야 한다. 특히 고속도로의 경우 표지판과 내비게이션의 제한 속도 안내가 다른 경우가 종종 있기 때문에 안내하는 제한 속도 중 더 낮은 속도를 기준으로 운전하는 것이 안전하다.

도로 곳곳에 과속 단속 카메라가 있다. 카메라 위치가 정면이 아니라 도로 옆에 있으며, 앞 번호판보다 뒤 번호판을 찍기 위해 카메라가 운전자와 마주하지 않는 경우가 많기 때문에 주의를 하지 않으면 카메라를 못 보고 지나치기 쉽다. 과속 단속 카메라 위치를 알려주는 애플리케이션들이 있기 때문에 운전 시 활용하는 것이 좋다. 높은 벌금과 더불어 연간 벌점이 40점 쌓이게 되면 면허가 취소된다.

**· 가장 많이 위반하는 10대 교통 위반 벌점 및 벌금 ·**

| 교통 위반 | 벌점 | 벌금 |
|---|---|---|
| 운전 중 휴대폰 사용 | 7 | R$ 293.47 |
| 제한속도 위반 | - | - |
| 제한속도 0-20% 초과 | 4 | R$ 130.16 |
| 제한속도 20-50% 초과 | 5 | R$ 195.23 |
| 제한속도 50% 이상 초과 | 7 | R$ 880.41 |
| 주차위반 | 5 | R$ 195.23 |
| 버스전용차선 운행 | 7 | R$ 293.47 |
| 신호위반 | 7 | R$ 293.47 |
| 보행자 비보호 | 7 | R$ 293.47 |
| 안전벨트 미착용 | 5 | R$ 195.23 |
| 일방통행 위반 | 7 | R$ 191.54 |
| 갓길 운행 | 7 | R$ 1,467.35 |
| 차량 갱신 위반 | 7 | R$ 293.47 |

주요 교통 위반 외에도 한국에는 없는 법들이 있어 조심해야한다. 예를 들어, 고속도로에서는 전조등을 켜고 운행을 해야 한다. 그리고 운전 중에 창밖으로 팔을 걸치는 행위, 한 손으로 운전하는 행위, 직진 신호 없이 우회전하는 행위(브라질은 비보호 우회전이 없음)는 위법이다. 그리고 위법은 아니나 경찰차가 옆에 붙을 경우 창문을 열어 차량 내부를 확인시켜줘야 한다. 하루는 좁은 이면도로를 운전하던 중에 경찰차가 옆으로 붙었으나 무시하고 가다 경찰이 사이렌을 울리며 우리를 세운 적이 있다. 분명 잘못한 것이 없었음에도 불구하고 당황하여 손을 들고 내려 무슨 일이냐고 물었더니, 우리가 창문을 내리지 않아 의심되어 쫓아왔다고 했다. 그러면서 다음에는 경찰이 접근하면 창문을 내려 차량 내부에 문제가 될 상황이 없음을 확인시켜주라고 당부하였다.

도로 상태가 좋지 못해 운전 시 파손되어 움푹 파인 도로를 자주 볼 수 있다. 한번은 밤에 운전하다 도로 한가운데에 나무가 심겨 있어 소스라치게 놀란 적이 있었다. 운전자가 파손된 도로를 미처 보지 못해 사고가 날 것을 우려해 주민들이 도로에 큰 나뭇가지를 꽂아 둔 것이었다. 브라질 사람들끼리의 주의 안내 표시 방법이다.

| 위험을 알리기 위해 도로 파손 부위에 꽂은 나무

2017년 브라질 전국교통협회(CNT)는 전국 도로의 61.8%가 보통 이하의 상태라는 발표를 했다. 그러다 보니 타이어의 공기가 계속해서 조금씩 빠진다. 한국에서는 차량 정기 점검 때나 타이어에 공기를 넣었는데, 브라질에서는 최소 한 달에 한 번은 타이어에 공기를 넣는다. 주로 주유소에서 기름을 넣을 때 타이어에 공기를 주기적으로 채운다. 주유소 직원은 기름을 넣는 동안 타이어 공기압, 유리 세척, 엔진오일 점검 등이 필요한지 물어본다. 타이어에 공기를 넣어달라고 요청하면, 얼마나 넣을지 물어보는데, 차량마다 타이어 공기량이 다름으로 운전자석 문틀에 있는 공기압 표를 확인하면 된다.

1차선과 2차선 사이에는 오토바이가 지나가는 공간이다. 법적으로 정해진 사항은 아니나, 암묵적으로 지켜지는 관행이다. 따

| 1. 2차선 사이를 다니는 오토바이

라서 1, 2차선에서 운전을 할 때는 오토바이들이 충분히 지나갈수 있도록 공간을 만들어줘야 한다. 1, 2차선 사이로 붙어서 운행을 하면 오토바이 운전자한테 욕을 먹거나, 오토바이 운전자가 차를 발로 차고 가는 경우도 있다. 또한 오토바이가 좁은 차선 사이를 지나가다 사이드미러를 치고 가는 경우가 자주 발생하나, 이런 경우 화를 내면 오히려 화를 낸 사람이 더 이상한 사람이 된다. 마음을 비우고 차량 운전자가 조심해야 한다.

브라질에는 SEM PARAR라는 한국의 하이패스 기능의 서비스가 있다. 고속도로 톨게이트, 주요 유료주차장 등에 설치되어 있다. 한국과 다르게 카드와 기계를 사용하는 것이 아니라 차량 앞 유리에 바코드가 인쇄된 스티커를 붙인다. 주유소나 대형마트에서 구매할 수 있으며, 등록된 신용카드로 결제가 된다. 소액

Part 3. 일상생활

의 수수료가 발생하나 고속도로나 쇼핑을 자주 이용하는 운전자의 경우 SEM PARAR를 장착하는 것을 추천한다. 주말과 연휴에 고속도로 톨게이트에는 통행료를 내기 위해 길게 줄을 선 차들의 모습을 쉽게 볼 수 있다. 한두 번 줄을 서보면 SEM PARAR를 절로 구매하게 된다. 큰 고속도로의 경우 양쪽 끝 차선 모두 SEM PARAR 전용 차선으로 구축되어 있으나 일반적으로 오른쪽 끝 차선이 SEM PARAR 전용 차선이다.

| 마트 등에서 판매되는 SEM PARAR와 고속도로 톨게이트 모습

브라질 주유소의 기름 종류는 다양하다. 판매하는 기름 종류를 적은 표만 본다면 어떤 기름을 넣어야 하는지 혼란스럽다. 크게 에탄올과 가솔린(휘발유), 디젤로 구분된다. 브라질은 에탄올을 연료로 사용한다. 참고로 브라질은 세계 2위 바이오 에탄올

연료 생산 경쟁력 보유국이다. 브라질 사탕수수 생산량의 90%가 남동부 지역에서 재배되며, 이 중 60%가 상파울루주에서 생산되기 때문에 상파울루에는 바이오 에너지를 생산하는 발전소, 공장, 인프라 시설이 발달되어 있다. 에탄올의 리터당 가격은 휘발유의 약 65%에 불과하나 한국의 LPG 연료처럼 연료 효율성은 가솔린보다 떨어진다. 에탄올을 연료로 사용할 수 있는 FLEX 엔진을 장착한 차량이 판매된다. 에탄올과 휘발유를 모두 연료로 사용할 수 있는 엔진이다. 휘발유는 일반(Comum)을 주로 넣으며, 고급 휘발유인 Aditivada 등이 있다. 디젤의 경우 주로 화물차 등이 많이 이용하고 있으나 대기오염을 시킨다는 인식이 있다. 상파울루시에서는 대기오염 완화 프로젝트로 2023년부터 디젤을 사용하는 승용차, 밴 등과 같은 소형 차량의 유통을 금지하는 법안이 2018년에 1차 통과되었다. 한국 미세먼지 사태에 비하면 브라질 하늘은 바다처럼 푸름에도 불구하고 대기오염에 대한 강한 인식을 가지고 있는 모습이 인상적이다.

|주유소 기름 종류와 가격

 길가 주차 구역이나, 공원 등 공공 주차장에 주차하기 위해서
는 Zona Azul이라는 주차 티켓을 구매해야 한다. 과거에는 파란
색 주차 종이(Cartão Azul)에 차량 번호판을 쓰고, 주차할 시간을
체크해서 차 앞 유리에 붙여야 했으나, 2017년부터 전용 애플리
케이션으로 운영되고 있다. 애플리케이션에 주차를 할 도로명,
차량번호를 입력하면 등록된 신용카드로 결제가 이루어진다.
Zona Azul로 주차가 가능한 공간에는 표지판에 시간이 표시되
어 있다. 표시된 시간 외에는 무료 주차가 가능하다. 가격은 1시
간에 5헤알이다. 크리스마스나 카니발 등 축제 성격이 있는 공휴
일에는 공원 등의 Zona Azul 주차장이 무료로 개방되는 경우가
있으니, 주차 전 주변의 담당자에게 확인하는 것이 좋다. 공공주
차장 외에도 브라질에는 사설 주차장이 많이 있다. 시내의 일반
빌딩에서도 지하 주차장을 입주자를 위한 주차 외에 상업 목적
의 주차장으로도 활용하고 있다.

\* 월요일부터 금요일은 7시부터 19시, 토요일은 7시부터 13시까지 주차 시 Zona Azul(Cartão Azul) 이용 필수라는 것을 알리는 표지판

[ 주차 가능 ]　　　　　[ 주차 불가, 정차 가능 ]　　　　　[ 주정차 모두 불가능 ]

| ZONA AZUL 어플리케이션, 주차안내 표지판

　쇼핑이나 대형마트 등의 주차장에는 가장 편리한 위치에 노인들(Idosos)을 위한 지정 주차 구역이 있다. 이곳에 주차하기 위해서는 노인 주차 카드를 소지해야 한다. 교통국에 운전면허증과 거주증명서를 지참하고 신청 양식을 작성하면 된다. 본인만 사용 가능하며, 노인 주차 카드 없이 노인 지정석에 주차하게 되면 벌점 7점을 받게 된다.

　사고의 위험은 세계 어디에서나 존재하며 누구에게나 발생할 수 있다. 외국에서 교통사고가 발생한다면 한국보다 몇 배는 더 당황스러울 것이다. 참고로 브라질에서는 연간 25만 건의 교통사고가 발생하고 약 4만 명의 사망자가 발생하고 있다. 사고가 나면 경찰을 불러 사고경위서를 작성한 다음 잘잘못을 가린다. 양쪽 모두 보험이 있는 경우 보험 담당자끼리, 상대방이 보험이 없는 경우 나의 보험 담당자가 사고 상대방과 직접 사후 처리를 진행한다. 브라질은 자동차보험이 의무 사항이 아니기 때문에 보험이 없이 운행되는 차량이 상당히 많다. 차량 보험은 사고 났을 때 내가 누군가를 보상해주기 위함이 아니라, 누군가가 내 차를 박았을 때 상대방이 보상할 여력이 없는 상황을 대비해서 가입하는 거라는 농담 반 진담 반인 얘기가 있다. 브라질의 높은 보험료를 고려하면 이해가 되는 부분이기도 하다. 보상 범위와 자기 부담률에 따라 보험 비용이 달라지지만, 우리의 경우 1,800cc 신차 보험료가 150만 원에 육박했으며, 2년 된 3,000cc 중고차의 경우 200만 원에 달했다. 높은 보험료로 인해 자기 부담 비용을 높게 책정할 수밖에 없어, 실제로 어지간한 접촉사고는 보험 혜택을 받기가 불가능하다. 우리의 경우 7천 헤알 이상의 수리 비용에 한해 보험으로 받을 수 있었다.

우리 가족도 브라질에 거주하며 두 번의 차 사고를 겪었다. 첫 번째는 2016년 상파울루 한인 타운인 봉헤치루에서 우리의 과실로 접촉사고가 났었다. 연휴 기간 첫날에 발생한 사고였다. 경찰서를 간다면 하루를 모두 날릴 것이기 때문에 경찰서에서 사고 접수를 한다거나 누가 얼마나 잘못했는지 따지고 싶은 마음이 없었다. 우리 보험으로 모두 보상해주겠다고 했으나 상대방은 믿지 못한다며 무조건 경찰서로 가자고 하였다. 하는 수 없이 경찰서로 가서 사고 접수를 하려고 하는데 경찰이 우리에게 원한다면 지금 돌아가도 좋으며, 원할 때 다시 와서 사고 경위서를 작성하라고 하였다. 100일 된 첫째 아이와 같이 있다는 이유에서였다. 어린아이가 있는 경우 사고가 나더라도 우선 집으로 돌아가도 된다는 것이다. 브라질만큼 아이를 중요하게 여기는 나라도 없을 것이다. 어떻게든 우리의 과실로 몰기 위해 경찰에게 온갖 과장을 하여 사고 경위를 말하던 상대방은 경찰의 대응에 당황한 기색이 역력했다. 우리 보험 담당자가 상대방에게 보상에 대해 확실한 약속을 해준 뒤에야 상대방도 결국 안심하고 집으로 돌아갔었다.

두 번째 사고는 2018년 산토스에서 상파울루로 오는 길에 발생했다. 뒤차가 우리 차 뒤 범퍼를 박은 것이다. 상대방은 보험으로 보상을 하겠다고 했다. 우선 동네 카센터에서 견적을 알아보았다. 범퍼 수리에 600헤알이 든다고 했다. 상대 운전자 측에서 연락이 왔다. 본인 보험 정보를 주며, 보험회사의 지정된 사무실을 방문해야 한다고 하였다. 1시간이나 떨어진 곳이었지만 예약을 하고 보험회사를 방문하였다. 우리는 당연히 그 자리에서 수리 진행이 되거나 늦어도 1~2일 정도 소요될 것으로 생각했었다. 하지만 현실은 달랐다. 보험회사에서 사고 접수를 하고 보험회사 직원이 차량 상태를 점검하였다. 그리고는 보험회사에 등록된 정비소 리스트를 보여주며 희망하는 지점을 고르라고 하였다. 보험회사에서는 정비소로 우리 차량 수리요청을 할 것이니, 다음날 우리가 정비소에 연락해서 차를 입고시킬 날짜를 예약하라고 하였다. 정비소에 예약된 날짜에 갔더니 당일 수리를 하는 것이 아니라고 하였다. 차량 상태를 점검하기 위한 예약이며 다시 날짜를 잡고 차를 입고시켜야 한다고 하였다. 수리 기간은 일주일이 걸린다고 하였다. 범퍼 수리하는데 총 2주일이나 걸린 것이다. 보험회사와 정비소에 왔다 갔다 소비한 비용과 시간, 수리를 맡기는 일주일 발생하는 택시비 등을 고려하면 차라리 우리 돈 600헤알 주고 동네 카센터에서 빨리 고치는 것이 현명한 선택이었던 것이다. 브라질에서는 절대 사고가 나면 안 된다는 다짐과 함께 예전에 우리 과실로 사고가 났을 때 상대방도 많이 힘들었겠다는 미안한 마음이 들었다.

### 3) 대중교통

외국인들도 쉽게 이용할 수 있을 정도로 대중교통이 발달되어 있다. 구글맵 등 지도와 교통 애플리케이션을 이용하면 목적지까지의 대중교통 루트 정보를 얻을 수 있다. 주요 대중교통은 여타 외국과 비슷하다. 버스, 지하철, 택시, 우버 등으로 구분된다.

## (1) 택시

중남미를 방문하는 외국인들이 우려하는 것 중 하나가, 택시의 안전성 문제다. 말이 통하지 않고 치안이 불안하다 보니 지레 겁을 먹는 경우가 많다. 브라질의 택시 산업은 한국보다 발달되어 있다. 산업의 시스템이나 차량의 좋고 나쁨을 떠나 서비스업의 기본인 고객 대응에서만큼은 브라질이 훨씬 더 발달되어 있기 때문이다. 택시 기사들은 친절이 몸에 배어 있다. 손님이 짐을 가지고 있는 경우 당연히 기사가 내려 손님의 짐을 받아주고 트렁크에 대신 실어준다. 승차 거부도 없고, 짧은 거리를 간다고 불평하지도 않는다. 외국인에게 바가지를 씌우는 일도 없다. 브라질에 살다 한국에 잠시 들어간 대부분의 사람이 공통으로 하는 말이 택시는 브라질이 더 좋다고 할 정도다.

택시를 타는 방법은 크게 두 가지다. 99TAXI, Easy Taxi 등의 애플리케이션을 활용하거나 택시 정류장(Ponto de taxi)에서 타는 것이다. 길거리에서 손을 들어 지나가는 빈 차를 잡을 수도 있으나 이런 경우는 많지 않다. 애플리케이션을 이용하면 등록된 신용카드로 결제가 가능해 현금을 소지하지 않아도 이용 가능하며, 택시에서 발생하는 카드 도용도 예방할 수 있다. 영수증은 이메일로 받아볼 수 있다. 그리고 애플리케이션으로 호출 시 목적지를 입력하게 되어 있으며, 애플리케이션에 경로가 나오기 때문에 택시 기사는 안내되는 최적의 경로를 따라 운행한다. 반면 택시 정류장에서 타는 택시들은 내비게이션을 이용하지 않는 경우가 대부분이라 최단 경로가 아닌 기사가 아는 길로 주로 운행한다.

도시별로 택시 색깔이 다르다. 상파울루는 흰색이며, 쿠리치바의 경우 주황색이다. 최근에는 일반 승용차들의 색깔이 다양해졌고 흰색도 많이 있으나, 과거에는 흰색 차는 택시로 간주하여 일반 승용차 중 흰색을 찾아보기 어려웠다고 한다. 기본요금은 4.5헤알이며, 2.75㎞당 추가 요금이 붙는다. 할증은 20시부터 06시까지이며 약 30%의 할증료가 붙는다. 택시 요금 미터기에 1은 일반요금, 2는 할증요금을 뜻한다. 택시는 버스 전용차선 이용이 가능하다. 따라서 출퇴근 시간, 교통 체증이 심한 구간을 이용할 때에는 우버보다 택시를 이용하는 것이 현명하다.

| 길거리의 택시 정류장

## (2) 우버(Uber)

2015년부터 우버가 급속도로 퍼지기 시작했다. 2018년 기준 우버에 등록된 운전기사가 50만 명에 달한다. 브라질의 장기간 지속된 경기 침체로 실업자가 늘어나자 손쉽게 돈을 벌 수 있고, 부업으로 활용이 가능한 우버로 돈을 버는 사람들이 늘어났다. 우버 요금은 택시 대비 약 70%의 가격이다. 과룰류스 공항 등 중장거리 장소를 가는 경우 저렴하게 이동할 수 있다. 그러나 출퇴근 시간 등 이용자가 많은 시간에는 요금이 올라가 택시보다 비싼 경우도 있다. 이미 합법적이고 대중화되어 있기 때문에 공항에도 우버 탑승 구역이 설치되어 있을 정도다. 우버도 애플리케이션으로 제공되는 서비스라 등록된 신용카드로 결제가 가능하며, 영수증은 메일로 받아 볼 수 있다.

| 과룰류스(Guarulhos) 공항의 우버 탑승 구역

## (3) 시내버스/지하철

한국처럼 신용카드나 체크카드가 교통카드와 연동되어 있진 않지만, 교통 전용 카드가 있다. 지역마다 교통카드 이름이 다르며, 상파울루는 Bilhete Único라는 교통카드가 있다. 1일 용과 1개월 용이 있으며, 버스 전용, 지하철 전용 그리고 버스+지하철 통합용 세 가지로 판매된다. 카드 종류에 상관없이 하루에 10번까지만 대중교통 수단을 이용할 수 있고, 3시간 이내에 버스나 지하철로 환승하는 경우 4번까지는 처음 탑승한 교통수단의 요금만 정산된다. 임산부의 경우 Mãe Paulistana라는 프로그램을 통해 지하철을 무료로 이용할 수 있다. 실직자의 경우 실업 티켓 (Bilhete desempregado)을 발급받아 2개월 동안 무료로 대중교통을 이용할 수 있다.

**•교통카드 종류별 1개용 요금•**

| 교통카드 종류 | 요금 |
|---|---|
| 버스 | 208,99헤알 |
| 지하철 | 208,99헤알 |
| 버스+지하철 | 330,00헤알 |

총 13개의 지하철 노선이 운행되고 있다. 한국의 현대로템 전차가 상파울루 지하철 4호선에 납품되어 운영되고 있으며, 일부 역에는 한국 기업의 스크린도어가 설치되어 있다. 한국과 시스템이 유사하여 이용에 큰 어려움은 없다. 매표 기계를 이용하거나, 사람이 있는 매표소에서 목적지를 말하고 표를 구매할 수 있다.

## (4) 고속버스

※ **고속버스 예약 사이트**
(http://rodoviariadotiete.com/deonibus)

고속버스 예매는 인터넷 사이트를 통하거나 고속버스터미널에서 직접 표를 구매할 수도 있다. 버스의 크기, 좌석의 등급에 따라 가격 차이가 발생한다. Convencional, Executivo 등급의 버스는 요금이 저렴하나 오래되고, 소음이 심하며, 좌석도 불편하다. 하지만 Leito 등급의 침대 버스는 비행기의 비즈니스 좌석과 같이 편안하게 누워서 탑승할 수 있다. 대부분 버스 뒤쪽에 화장실도 있어서 장거리 이동 시 휴게소에 들리지 않아도 될 시설을 갖추고 있다.

버스 여행을 하다 보면 중간에 휴게소에 들리는데, 버스 기사가 정해준 시간 안에 간단한 식사를 하거나 화장실을 다녀와야 한다. 한국 고속버스와 휴게소에서 휴식을 취하는 방법은 비슷하지만, 휴게소 분위기는 많이 다르다. 휴게소에 들어가면 바코드가 찍혀있는 두꺼운 플라스틱 카드(Comanda)를 준다. 마치 한국의 찜질방 전자키에 사용 금액을 쌓아두듯 음식을 주문하거나 물건을 사면 플라스틱 카드에 있는 바코드에 요금 정보를 입력해준다. 그리고 휴게소 건물을 나갈 때 계산대에서 일괄적으로 계산을 한다.

### (5) 항공

지리적 요인으로 인해 국내선 항공 교통이 잘 구축되어 있다. 브라질 항공협회에 따르면 588개의 공공공항과 1,910개의 민간 공항이 있다고 한다. 브라질의 주요 항공사로는 GOL, LATAM, Azul, Avianca가 있다. 2018년 시장 점유율은 GOL 35.7%, LATAM 31.9%, Azul 18.6%, Avianca 13.4%, 기타 0.4%였다. 상파울루에는 과룰류스(GRU, Guarulhos)와 콩고냐스(CGH, Congonhas), 비라코푸스(VCP, Viracopos) 세 개의 공항이 있다. 과룰류스 공항은 주로 국제선이 취항하고, 콩고냐스는 국내선이 주로 취항하며, 비라코푸스는 국내 선과 국제 화물선이 주로 운항한다.

브라질 국내선 이용 시 주의사항 몇 가지가 있다. 첫째, 외국인의 경우 현지 신분증이 있으면 여권이 필요 없다. 그러나 유아와 함께 탑승을 하는 경우 유아 좌석을 사지 않았더라도 아이의 신분증이나 출생증명서를 반드시 지참하여야 한다. 둘째, 수화물은 별도로 비용을 지불해야 한다. 인터넷으로 구매하면 현장에서 체크인 시 지불하는 요금보다 절반 정도로 저렴하다. 셋째, 비행기 탑승 게이트가 수시로 바뀐다. 탑승권에 나와 있는 게이트 정보와 공항 내 모니터에서 알려주는 게이트 번호만 믿고 해당 게이트 앞에서 기다리다가는 비행기를 놓치게 된다. 수시로 게이트 현황을 알려주는 모니터를 확인해야 하며, 방송도 주의 깊게 들어야 한다. 넷째, 오버부킹이 흔히 발생한다. 때로는 선착순으로 탑승객을 커트하는 경우도 있기 때문에 비행기 탑승 시작 안내가 나오면 줄을 서둘러 서는 것이 좋다.

**•주요 온라인 항공권 판매 사이트•**

| 사이트명 | 주소 |
| --- | --- |
| Decolar | www.decolar.com |
| Submarino Viagens | www.submarinoviagens.com.br |
| Viajanet | www.viajanet.com.br |

현지 항공권 예약 사이트를 이용하면, 특가로 나오는 저렴한 항

공권을 구매할 수 있다. 브라질 국내선뿐만 아니라 중남미나 브라질에서 북미, 유럽으로 가는 항공권의 프로모션 현황도 확인할 수 있다. 또한 항공권과 호텔을 묶어 판매하는 패키지 상품이나 브라질, 아르헨티나, 우루과이를 운행하는 크루즈 여행 상품도 판매한다.

### (6) 자전거/킥보드

상파울루 시내 곳곳에 자전거 전용도로가 구축되어 있으며, 일요일과 공휴일에는 7~16시까지 추가로 자동차 차선 하나를 막아 자전거 도로로 확충하는 지역도 있다. 이런 도로를 씨끌로파이샤(Ciclofaixa)라고 부르는데, 운행 시간 동안 자동차 제한 속도도 평소보다 줄어들며, 일부 진입 도로가 차단되는 경우도 있다. 애플리케이션 내비게이션에는 도로가 차단된 정보가 안내되지 않기 때문에 주의가 필요하다.

자전거와 킥보드를 활용한 공유경제 교통수단이 활성화되어 있다. 자전거 대여를 해주는 세 개의 회사가 있다. 길 곳곳에 무인자전거 정류장이 있다. 애플리케이션이나 신용카드를 이용해 자전거를 대여할 수 있다. Yellow, Bike Sampa(Itaú), Ciclo Sampa(Bradesco)가 있다. 운영하는 회사에 따라 1일, 3일, 1개월, 1년 단위로 회원권을 구매할 수도 있고, 대여 분 단위로 계산해서 요금을 낼 수도 있다.

## • 공유 자전거 요금비교 •

| 자전거 대여 회사 | 요금 |
|---|---|
| Yellow | 15분당 1헤알 |
| Bike Sampa | 1일 8헤알, 3일 15헤알,<br>1개월 20헤알, 1년 160헤알 |
| Ciclo Sampa | 첫 30분은 무료, 이후 30분당 6헤알 |

| 자전거 정류장

| 공유 전동 킥보드

2018년 하반기부터 시작된 공유 전동 킥보드는 2019년 놀라운 속도로 그 숫자가 늘어나고 있다. 애플리케이션으로 회원가입을 하고 요금을 충전한 뒤 킥보드를 탈 수 있다. 애플리케이션을 통해 주변에 있는 킥보드 위치와 킥보드별 배터리 잔량을 확인할 수 있다. 킥보드에 있는 QR코드를 스마트폰에 찍으면 탈 수 있다. 첫 이용 시에 3헤알을 내며, 이후에는 분당 0.5헤알의 요금이 부과된다. 애플리케이션에서 운행 가능한 지역이 표시되는데, 해당 지역을 벗어나면 30헤알을 벌금으로 지불해야 한다. 속도는 최대 20㎞/h며, 4~21시까지만 탈 수 있다. 킥보드는 자전거와 다르게 특별한 정거장이 없다. 그냥 길가 아무 데나 세워놓고 애플리케이션에 있는 종료 버튼을 누르면 된다. 차도에서는 타면 안 되고, 자전거 도로나 인도에서 타야 한다.

# 2. 브라질의 높은 물가

전 세계 44국에 진출한 ZARA의 매장에서 판매되는 12개 제품 소비자 가격을 조사한 결과 브라질이 가장 비싼 것으로 조사되었다. 브라질에서 판매되는 ZARA 옷은 스페인보다 84.7%, 캐나다보다 42%가 비싸다. 의류뿐만 아니라 가전제품, 자동차 등 대부분의 공산품이 비싸다. 아이폰은 미국보다 77%나 비싸며, 토요타 Corolla 모델의 경우 브라질 공장에서 생산이 되고 있음에도 불구하고 전 세계 150개국 중 브라질이 가장 비싼 가격에 판매되고 있다. 영국 주간지 이코노미스트(The Economist)에서 발표하는 빅맥 지수(Bic Max Index)에서도 브라질은 매년 10위 안에 들어가는 생활 물가가 비싼 나라이다.

**•주요 제품 브라질 소비자 가격과 한국 소비자 가격 비교•**

| 제품 | 브라질 소비자 가격 | 한국 소비자 가격 |
|---|---|---|
| 현대자동차 산타페 | R$ 195,000(58,500,000원) | 37,000,000원 |
| 아이폰 8 256G | R$ 4,799(1,439,700원) | 1,030,000원 |
| LG 드럼세탁기(17KG) | R$ 7,469(2,240700원) | 856,370원 |
| 필립스 전자면도기 | R$ 646(193,800원) | 135,000원 |
| 미샤 BB크림 | R$ 169(50,700원) | 9,900원 |
| 물티슈 98매 | R$ 121.90(6,570원) | 1,000원 |
| 해피콜 프라이팬 30cm | R$ 459(137,700원) | 35,800원 |
| Fisher Price 바운서 | R$ 499(149,700원) | 48,000원 |
| 골프공<br>(Titleist Pro V1 12개) | R$ 376(112,800원) | 62,000원 |

　　브라질의 높고 다양한 세금이 가장 큰 원인이지만, 열악한 인프라로 인한 높은 물류비, 잦은 파업과 노무 소송 등으로 인해 발생하는 비용이 최종 소비자 가격에 전가되고 있다. 또한 최근 몇 년간 이어진 헤알화 약세로 인한 원부자재 수입 비용의 증가도 한몫을 하고 있다. 브라질 정부에서는 높은 물가를 잡기 위해 한때 기준금리를 14.25%까지 올리기도 했다. 최근 물가가 많이 안정되었다. 브라질 국립통계원(IBGE)에 따르면 2018년 물가 상승률은 3.7%를 기록했다.

그러나 학교 교육비, 음식값, 각종 서비스 비용 등 일상에서 체감하는 생활 물가는 매년 5~10%는 기본적으로 상승한다. 물가가 한없이 올라갈 때도 5~10%를 올리더니 물가가 안정되어도 여전히 가격을 올린다. 2018년 5월 경유 가격 인상에 반대하는 화물차 운전기사들의 파업으로 브라질 전역에 물류 대란이 일어났었다. 철도 시설이 제대로 없는 브라질에서 모든 화물차가 운행을 중단하자, 온 나라가 멈추게 되었다. 마트에 식품이 동이 나고, 주유소에는 기름을 공급받지 못해 기름값이 폭등하다 결국 기름이 떨어져 문을 닫는 현상까지 발생했다. 약 2주간의 파업 후 모든 것이 정상화되었지만 한 가지 정상화되지 않은 것이 있었다. 바로 기름값이었다. 파업 전 3헤알 정도였던 기름값이 5헤알까지 치솟았다. 그러나 파업이 끝난 뒤 몇 달간 5헤알로 유지되었다. 주유소의 폭리였다. 브라질 물류의 65%는 화물로 이루어진다. 기름값이 오르게 되면 물류비가 올라가고 결국 모든 제품의 소비자 가격도 올라가게 된다. 악순환의 연속이며, 빈부 격차는 더 심해진다. 식당부터 주유소까지 객관적인 근거를 바탕으로 원가를 산정해 가격을 인상하지 않는다. 관례적으로 매년 5~10%씩 가격을 올리며, 한 번 올린 가격은 다시 쉽게 내리지 않는다. 브라질 정부의 물가 관리에 대한 아쉬움도 있지만, 시민들 스스로 서로를 힘들게 하는 것은 아닌가라는 생각이 든다.

# 3. 장보기

## 1) 시장

시장은 동네별로 일부 도로를 막아 요일별로 열린다. 규모는 매우 작으나 싱싱한 채소와 과일, 생활용품을 살 수 있으며, 야자수와 사탕수수로 만든 음료, 빠스떼우(Pastel)라 불리는 브라질식 튀김만두를 맛볼 수 있다.

브라질 시장에는 정과 덤터기가 공존한다. 과일 장수들이 맛보라고 이것저것 주는 과일을 먹다 보면 나중에 시식했던 과일 값을 청구하기도 하며, 과일을 터무니없는 가격에 팔기도 한다. 그러나 단골 관계가 형성되면 단순 손님이 아니라 친구가 된다. 한없이 퍼주기도 한다. 집 근처에 일요일마다 열리는 작은 시장이 있다. 처음 브라질에 왔을 때부터 이용한 과일 가게에서는 신선하고 당도가 높은 과일을 우리에게 우선적으로 줬고 많은 할인을 해줬다. 그리고 무료 배달 등의 서비스를 제공해 주었으며, 아이들에게 공짜로 과일을 배불리 먹여주기도 하였다. 달걀 가게에서는 초란 등 귀한 상품을 항상 할인해줬다. 양파와 마늘, 꿀을 파는 가게에서는 우리가 꿀을 좋아한다는 얘기를 은연중에 듣고는 벌집 모양이 그대로 나 있는 100% 꿀을 일부러 챙겨와 공짜로 주기도 했다. 시장에 갈 때마다 맛있는 음식에 즐겁고, 덤으로 마음마저 따뜻해졌다. 브라질은 시장에서조차 관계 형성이 중요한 나라다.

상파울루의 Ceasasp라는 농수산물 도매시장이 주말에는 소매시장으로 열린다. 브라질 농수산물 유통의 중심지로 매일 1만 톤 이상의 과일과 채소, 어류 등이 유통되며, 1만 대의 트럭과 3~5만 명이 찾는 큰 시장이다. 마트에서 흔히 볼 수 없는 다양한 해산물과 농수산물을 구할 수 있다. 광어, 다금바리, 메기, 고등어, 참치, 털게, 조개류 등의 해산물이 있으며, 배추, 갓 등의 김치 재료도 구할 수 있다. 식자재 외에도 꽃과 각종 식물 및 화분도 판매되고 있다.

|Ceasasp 시장

봉헤치루 한인촌에 목요일마다 열리는 시장에 가면, 브라질 사람들은 즐기지 않지만, 한국 사람들이 즐겨 먹는 갈치나 아귀 등의 해산물과 다양한 채소들을 살 수 있다.

|동네 시장

## 2) 마트

마트 브랜드별로 물건 품질 차이가 발생하며, 같은 브랜드의 마트라도 소재 지역에 따라 조금씩의 가격 차이가 발생한다. 소위 마트에도 급이 있는 곳이 브라질이다. 현지에서 회원제로 운영되는 창고형 마트, 대형체인 마트는 한국과 큰 차이점은 없다. 그러나 동네에 있는 중간 크기의 체인점 마트들은 저마다의 특징이 있다. 야채와 과일의 종류와 신선도가 뛰어난 마트가 있으며, 수입 식자재가 많은 마트, 저렴한 공산품이 있는 마트, 특수 부위나 고급 고기를 취급하는 마트 등 각각 특색이 있다. 가끔 모든 장점을 지닌 마트가 있었으면 하는 아쉬움이 든다. 요리할 때 재료를 중요시하거나 아기가 있어 이유식을 만들어야 할 때 여러 마트를 다니는 경우가 발생하기 때문이다. 고기와 채소를 사러 집 근처 마트에 갔는데, 품질 좋은 고기를 샀으나 마트에서 파는 채소들이 죄다 시들해 결국 다른 마트로 이동해 채소만 따로 사는 경우가 있다.

Carrefour, Extra, Pão de Açucar, Zaffari 등 브라질의 대형 마트는 한국의 이마트, 홈플러스와 비슷하다. 공산품과 식료품을 팔며, 규모가 큰 매장에서는 의류, 가전제품 등을 팔기도 한다. 쇼핑에 위치한 대형 마트의 경우 50헤알 등 일정 금액 이상 구매 시 3~4시간 쇼핑 주차장 무료 주차권을 제공한다. 주말에 쇼핑을 하러 갈 때 마트를 들르는 경우, 주차비를 절약할 수 있다. 이 경우 Sem Parar는 해당이 안 되며, 주차 티켓을 뽑은 경우에만 주차비 지원을 받을 수 있다.

마트 계산대의 직원이 물건을 계산하기 전 항상 물어보는 것이 있다. Nota Fiscal Paulista? 또는 CPF na Nota?를 물어본다. Nota Fiscal Paulista는 유통세 환불제도다. 이 제도는 소매상의 탈세방지를 목적으로 만들어졌다. 주 정부는 이미 물건의 소비자 가격에 부과되어 있던 유통세의 30%를 소비자에게 돈으로 환불해주거나, 자동차 세(IPVA) 납부 시 환불받은 금액만큼 차감해준다. 세금 환급을 희망하는 경우 계산대에 있는 카드 단말기에 자신의 CPF를 입력하거나, 계산하는 직원에게 CPF 번호를 말해주면 된다. 다만 살고 있는 주의 세무국에 본인의 Nota Fiscal Paulista를 사전에 신청하고 개인정보와 은행 정보 등을 등록해야 한다.

## •주요 마트 및 특징•

| 마트 | 특징 | 가격대 |
|------|------|--------|
| Pão de Açúcar<br>Extra | 상파울루에서 가장 흔하게 볼 수 있는 마트이다. 제품의 가격대와 종류가 가장 스탠다드 하다. | 중 |
| Mambo | 비싼 브랜드의 수입품이 많다. 고기가 신선하고, 다른 곳에 없는 주류가 많다. 공산품은 거의 팔지 않는다. | 상 |
| St. Marche | 식자재 상태가 좋다. 수입식품 종류도 다양하며, 피자, 하몽 등 유럽 식품도 판매한다. 공산품은 비싸다. | 상 |
| Oba Hortifruti | 식자재를 위주로 판매한다. 과일, 채소 등 식자재 상태가 매우 신선하며 가격도 저렴하다. | 중하 |
| Casa Santa Luzia | 최고급 마트 중 하나다. 와규 등 높은 품질의 고기가 판매되며, 각종 수입 식품들도 많다. | 상 |
| Zaffari | 식료품 종류가 다양하다. 수입품과 브라질 제품 모두 판매하는 고급 마트다. | 중상 |
| Dia | 저렴한 마트다. MD 상품이 많으며, 식자재보다 공산품을 사는 것이 좋은 마트다. | 하 |
| Makro | 무료 회원제 창고형 마트다. 작은 가게들이 식료품을 사는 도매 마트다. MD 제품들이 많아 저렴하다. 과일, 채소, 고기는 다소 품질이 떨어진다. | 중하 |
| Sam's Club | 유료 회원제 창고형 마트다. 수입품을 좋은 가격으로 구매할 수 있다. | 중하 |
| Eataly | 이태리 수입 식자재를 판매한다. 파스타, 치즈, 각종 양념과 조미료 등 일반 마트에서는 보기 어려운 제품이 많다. 마트 내에 이태리 식당들이 있어, 피자, 스파게티 등을 먹을 수 있다. | 상 |
| 오뚜기 | 봉헤치루 한인 타운에 있는 마트다. 깻잎, 콩나물 등의 채소와 각종 한국 식자재 및 생활용품을 구매할 수 있다. | 중상 |

Part 3. 일상생활

|Oba Hortifruti 마트 전경

"잘 만든 제품 하나가 언어의 역사를 쓴다."라는 말이 있다. 한국에서 주방세제를 퐁퐁이라 칭하고, 일회용 밴드를 대일밴드라고 부르는 것처럼, 브라질에서도 새로운 제품이나, 유명한 브랜드의 고유명사가 제품 전체를 지칭하는 일반 명사처럼 쓰이는 경우를 흔하게 볼 수 있다. 심한 경우 마트 직원들이 브랜드명을 말해야만 이해를 한다. 포르투갈어 사전에도 이러한 명사들이 안내되어 있지 않기 때문에, 포르투갈어를 한국에서 배우고 온 사람일지라도 실생활에서 어려움을 겪기도 한다. 아래 표에는 대표적인 고유명사가 일반명사가 된 제품들 리스트다.

| 고유명사(브랜드명) | 일반명사 | 뜻 |
|---|---|---|
| Bombril | Esponja de aço | 수세미 |
| Leite Ninho | Leite em pó | 분유 |
| Chiclete | Goma de mascar | 껌 |
| Band-Aid | Curativos adesivos | 일회용 밴드 |
| Gillette | Lâmina de barbear | 면도기 |
| Leite Moça | Leite condensado | 연유 |
| Miojo | Macarrão instantâneo | 라면 |
| Cotonetes | Hastes flexíveis | 면봉 |
| Cândida | Água Sanitária | 락스 |
| Durex | Fita Adesiva | 스카치테이프 |
| Maizena | Amido de Milho | 옥수수전분 |
| Yakult | Leite Fermentado | 요구르트 |
| Sucrilhos | Cereal | 시리얼 |
| Danone | Iogurte | 요거트 |
| Nescau | Achocolatado em pó | 초콜렛 분말 |
| Veja | Desengordurante multiuso | 다용도 청소세제 |
| Ades | Suco de soja | 콩으로 만든 주스 |

### 3) 유전자 변형 식품

브라질은 미국에 이어 세계 2위 유전자 변형 작물 생산국이다. 브라질에서 생산되는 대두의 92%, 옥수수의 85%가 유전자 변형 작물이다. 한국에서 GMO(Genetically Modified Organisms)라 알려진 유전자 변형 식품은 브라질에서는 알리멘뚜 뜨란스제니꾸(Alimento transgênico)라고 불린다. 과학계는 전반적으로 유전자 변형 식품이 안전하다는 의견을 내놓고 있지만, 많은 이들이 생명체를 인위적으로 조작한 식품은 안전하지 않다고 생각한다. 실제로도 그린피스는 "GMO의 역사는 20년밖에 되지 않았기 때문에 장기간의 섭취 안전성이 아직 과학적으로 입증되지 않은 상태"라고 언급했다.

브라질에서는 법적으로 유전자 변형 작물을 이용한 식품인 경우 유전자 변형 식품임을 반드시 제품에 표기하게 되어 있어 식품을 고를 때 유전자 변형 식품인지를 살펴보고 구매를 할 수 있다. 한국에서 오신 많은 분이 유전자 변형 식품을 알리는 표시가 있는지, 그리고 식품에 표시된 안내 표시가 무엇인지 의미를 몰라 아무 제품이나 구매하는 경우가 있다. 마트에서 판매하는 과일 주스 중 무설탕이라고 되어 있는 제품을 볼 수 있다. 일부 제품은 유전자 변형 과일을 이용한 제품이다. 설탕을 사용하지 않았는데 주스가 달다? 이는 과일의 유전자를 변형시켜 단맛을 극도로 높였기 때문이다. 식용유, 과일주스, 과자, 우유 등 마트에서 유통되는 제품은 그나마 유전자 변형 제품 표시가 되어 있어 주의만 한다면 소비자의 선택적 구매가 가능하다.

마트에서 판매되는 식품과 달리 시장에서 판매되는 제품들은 유전자 변형을 표시하지 않고 있으며, 상인들도 더 좋은 제품이 라는 인식을 가지고 있어 손님들에게 적극적으로 추천한다. 시 장에서 판매되는 과일 중에 특이한 모양의 과일이나, 원래 과일 고유의 맛을 떠어 넘는 단맛을 내는 과일들을 볼 수 있다. 우리 부부도 시장 과일가게에서 솜사탕 맛이 나는 포도, 당도가 높은 초소형 파인애플을 보고선, 주인에게 이 과일의 정체가 뭐냐고 물어봤었다. 주인은 유전자 변형 과일이라고 하였다. 더 맛있기 때문에 가격도 더 비싸다고 자랑스럽게 말하는 주인을 보며 당 황했던 기억이 있다.

| 유전자 변형 식품 표기

| 유전자변형 과일-붉은색 오랜지

　알래스카 에스키모들은 북극 늑대를 사냥하기 위해 짐승의 피가 묻은 칼을 땅에 꽂아 둔다. 피 냄새를 맡은 늑대는 칼날에 묻은 짐승 피를 핥아먹는다. 피를 먹는 것에 정신이 나간 늑대는 칼날에 자신의 혀가 베이고 피가 흐르는지도 모른다. 계속해서 피를 먹는데, 결국 자기 피를 열심히 먹은 늑대는 과다출혈도 죽게 된다. 지금의 브라질 유전자 변형 작물 농사를 보면 알래스카 늑대가 생각난다. 브라질의 농업은 성장 질주를 하고 있다. 2010년부터 2017년까지 9년 연속 농산물 수확량 기록을 경신했고, 2019년에는 2억 3,070만 톤에 달하는 농산물을 수확할 것으로 전망되고 있다. 상당량이 유전자 변형 농산물이다. 유전자 변형 대두로 바이오 에너지를 만들어 친환경 대체 에너지를 만들고 있다고 자부한다. 그러나 보다 많은 농산물 수확과 수익 창출을 위해 연일 산림과 밀림을 농지로 개간하고 있다. 그 과정에서 불

을 지르고, 화학비료와 제초제를 사용하는 등의 행위가 발생하고 있다. 감시와 규제도 사실상 불가능한 상황이다. 당장 눈앞에 보이는 이익을 위해 자연 본연의 것을 인위적으로 바꾸는 것이 추후 어떠한 결과로 이어질지 우려가 된다.

# 4. 식당

풍부한 식량 자원과 더불어 오랜 기간 원주민, 아프리카 노예, 다국적 이민자들로 이루어진 인구 구성으로 인해 브라질의 음식 문화는 발달되어 있다. 특히 3,500만 명에 달하는 이탈리아계로 인해 이탈리아 음식점이 많다. 상파울루에서 가장 흔하게 볼 수 있는 식당이 피자와 스파게티 음식점이다. 브라질의 대표적인 음식은 브라질식 스테이크이다. 최근 한국에도 브라질 스테이크 식당인 슈하스까리아(Churrascaria)가 많이 생겼다. 긴 꼬챙이에 고기를 끼워 굽는 방식으로 테이블에 앉아 있으면 웨이터들이 다양한 부위의 고기를 계속해서 서빙한다. 테이블에 컵 받침처럼 생긴 종이가 있다. 초록색으로 표시된 부분을 보이게 두면 계속해서 고기를 서빙 받겠다는 뜻이며, 빨간색은 고기를 더 이상 받지 않겠다는 의미이다. 웨이터들이 꼬챙이의 고기를 반쯤 썰면 손님이 집게를 이용해 고기를 잡아 웨이터들이 나머지를 잘 썰 수 있도록 도와주며, 잘린 고기를 접시에 직접 옮긴다. 브라질식 스테이크 외에도 아르헨티나식, 우루과이식, 미국식 스테이크 식당이 곳곳에 있기 때문에 다양한 조리 방식의 고기 음식을 접할 수 있다. 과히 고기의 천국이라 할 수 있다. 물론 한식, 일식, 중동식, 중식당도 많이 있어 음식으로 인한 어려움은 없다.

밝고 친절한 브라질 사람들 성향은 식당에서도 잘 드러난다. 스테이크의 굽기가 원하는 것보다 더 구워졌거나 고기가 질기다고 하면 불평 없이 웃으며 새 고기로 바꿔준다. 어린이 메뉴를 무료로 제공하는 식당도 많다. 한국 관광객들이 고급 스테이크 식당에서 팩 김치를 꺼내도 냄새난다고 항의하거나 인상을 쓰지 않는다. 오히려 빈 접시를 가져와서 김치를 담아준다. 웨이터들이 이의 제기를 하지 않을 뿐이지, 브라질 식당에서 김치를 싸가져 가거나 큰소리로 건배사를 하는 것은 현지 문화에 어긋나는 것으로 자제해야 한다.

상파울루 식당 음식 가격은 비싸다. 식재료 가격은 싸지만 식당에서는 한국보다 더 비싼 가격을 내야 한다. 시내 번화가에 있는 한식당의 비빔밥 한 그릇이 40헤알이다. 일반 직장인들은 점심으로 뽀르 낄루(Por quilo)라는 브라질식 뷔페를 즐겨 찾는다. 다양한 음식이 비치되어 있어 원하는 만큼 개인접시에 담아 무게만큼 돈을 내는 식당이다. 뽀르 낄루에서도 물 등의 음료를 포함하면 30~40헤알을 지불해야 한다. 어느 정도 괜찮은 식당에서는 서비스 봉사료로 음식값의 10%를 추가로 받는다. 저녁에 괜찮은 식당에서 외식하면 1인당 150~200헤알은 지출을 해야 한다. 1년에 한 번씩 진행되는 'Restaurante Week'를 이용하면 유명한 고급 식당의 음식도 저렴하게 접할 수 있다. 보통 3월에 진행한다. 일주일간 행사에 참여하는 식당들은 저렴한 가격에 음식을 제공하며, 해당 기간만을 위한 특별 메뉴를 판매하기도 한다. 참여 식당과 메뉴 등의 정보는 사이트(http://restaurantweek. com.br)를 통해 확인할 수 있다.

잡지 매체를 통해 맛집 정보를 확인할 수도 있다. VEJA라는 브라질 유명 잡지에서는 지역별로 식당을 직접 방문하여 음식 종류별 최고의 식당을 선정한다. 최고의 브라질식 식당 1~3위, 최고의 스테이크 식당 1~3위, 최고의 이탈리아식 식당 1~3위 등의 음식 카테고리별로 맛집 정보 확인이 가능하다. 한국의 식당들이 '착한 식당' 명패, 방송 출연 현수막 등을 장식하듯, 브라질 식당들은 VEJA사에서 맛집으로 선정되었다는 명패를 벽에 걸어 맛집임을 자랑한다.

| VEJA 맛집 선정 명패

| 종류 | 식당명 | 특징 및 메뉴 |
|---|---|---|
| 브라질식 | Mocotó | 미슐랭 별 1개 |
| | Maní | 미슐랭 별 1개 |
| | Quintal deBetti | 스테이크 |
| | Varanda | 스테이크 |
| | Dinho's | 스테이크, 해산물 |
| | Figueira Rubaiyat | 스테이크, 해산물 |
| | Casa do Porco | 돼지고기 요리 |
| | Praça São Lourenço | 브라질식 뷔페 |
| | Bar Heinz | 주말 & 공휴일 털게찜 판매 |
| 아르헨티나식 | Dr. Tchê La Parrilla | 스테이크 |
| | Corrientes 348 | 스테이크, 소 곱창구이 |
| 우루과이식 | Fuego Celeste Parrillada | 스테이크 |
| 이태리식 | Fasano Tavern | 미슐랭 별 1개 |
| | Il Ristorante | 라이브연주 |
| | La Tambouille | 파스타 |
| | Tatini | 크림 파스타 |
| | Veridiana Pizzaria | 화덕피자 |
| 스페인식 | Santiago | 파에야 등 해산물 |
| 포르투갈식 | Rancho Português | 대구, 문어 |
| 그리스식 | Myk | 해산물 |
| 일식 | Huto | 미슐랭 별 1개 |
| | Kinoshita | 미슐랭 별 1개 |
| | Nagairo Sushi | 뷔페, 팔메이라스 축구장 전망 |
| | Ajissai | 돈까스 |
| | Yakitori | 꼬치구이 |
| 중식 | Rong He | 중국식 볶음밥, 짬뽕 |
| 베트남식 | Miss Saigon | 쌀국수 |
| 인도식 | Reet Namaste | 커리, 난 |

한국에 김밥천국이 있다면 브라질에는 빠다리아(Padaria)가 있다. 빠다리아는 빵집이라는 뜻이다. 그러나 한국식 빵집과는 개념이 다르다. 한국의 빵집이 빵과 음료를 판매하며 카페와 같은 역할을 한다면, 브라질 빠다리아는 빵, 음료와 더불어 식사와 음주도 가능하다. 브라질 전통 튀김 음식, 햄버거, 샌드위치, 쿠키 등의 음식과 커피, 술, 담배도 판매한다. 큰 빠다리아에서는 마트처럼 우유나 음료수, 과자 등을 파는 곳도 있다. 한국의 분식집, 제과점, 편의점의 기능이 합쳐진 형태로 볼 수 있다.

| 빠다리아

빠다리아는 대부분 아침 6~7시 사이에 문을 연다. 바쁜 직장인들이 간단하게 빵과 커피로 아침을 먹기도 하며, 주말이면 브런치 식사하러 온 브라질 가족을 많이 볼 수 있다. 젊은 사람들은 클럽을 가거나 밤새 술을 마시고선 동트는 새벽에 빠다리아

로 가서 허기진 배를 빵과 커피로 채우고 집으로 들어간다. 동네
에 있는 작은 식당이나 카페에서는 빠다리아에서 빵이나 디저트
를 주문해서 공급받기도 하며, 학부모들도 학교나 유치원의 자녀
생일파티 등으로 인해 간식을 준비해야 할 때 빠다리아에서 주
문할 수 있다.

# 5. 먹거리

## 1) 육류

브라질 소고기는 한우와 비교해 마블링이 적다. 브라질 기후 특성에 맞게 더위에 강하나 마블링은 적은 넬로레(Nelore)라는 인도 품종의 소를 주로 사육하기 때문이다. 와규(Wagyu)와 블랙 앵거스(Black angus)도 일부 지역에서 사육이 되고 있기는 하나 전체 사육되는 소의 80%는 넬로레 종이 차지하고 있다. 머리에 뿔이 있고 등에 혹이 있어 흡사 물소처럼 보이기도 하며, 흰색 소의 경우 멀리서 보면 소인지 양인지 구분이 잘 안 가기도 한다.

인터넷에 어느 나라 고기가 맛있는지에 대한 글의 댓글을 보면 아르헨티나 소가 맛있다, 혹은 브라질 소가 맛있다며 설전이 벌어지는 모습을 볼 수 있다. 브라질에 와서 느낀 점은 아르헨티나 고기가 조금 더 맛있다는 것이다. 아르헨티나는 무덥지 않고 추위가 있어 맛이 뛰어난 블랙 앵거스 종을 사육하기 적합한 기후다. 때문에 맛이 뛰어난 블랙 앵거스를 주로 사육한다. 한국인 입맛에는 지방기가 더 있는 아르헨티나 고기가 익숙할 수 있으나, 그렇다고 브라질 고기가 맛이 없다거나 질이 떨어진다는 것이 절대 아니다. 두 나라 고기 모두 상급임에는 틀림이 없다.

소 품종 차이도 있지만, 굽는 방식에서도 차이가 난다. 아르헨티나 바비큐는 빠릴라(parrilla)라는 그릴을 이용하여 한국의 숯불 화로구이와 비슷한 원리로 굽는다. 반면 브라질은 고기를 꼬챙이에 끼워 숯에 고기를 굽는다. 브라질 사람들이 고기를 구울 때 꼬챙이를 이용하는 것은 사람들과 어울리며 고기를 나누어 먹는 문화가 반영되었다고 한다. 꼬챙이를 이용하면 여러 사람과 나누어 먹기 편하기 때문이다. 브라질의 대표적인 바비큐 식당인 슈하스까리아에서도 다양한 부위를 테이블 사이사이에 효율적으로 서빙하기 위해 꼬챙이를 이용한다.

**• 브라질과 아르헨티나 바비큐 차이 •**

| 구분 | 브라질 | 아르헨티나 |
|------|--------|-----------|
| 주요부위 | Picanha, Fraldinha | Assado de tira, Bife de chorizo |
| 굽는방식 | 꼬챙이, 그릴 | 그릴 |
| 불 | 숯 | 장작, 숯 |
| 소금 | 굵은 소금 | 중간 굵기 소금 |
| 곁들이는 술 | 맥주, 까이삐리냐* | 와인 |

\* 까이삐리냐는 브라질 전통술인 까샤사와 설탕, 라임 등의 과일을 섞어 만든 칵테일이다. 보드카, 사케 등을 넣기도 한다.

브라질에서 소고기를 사러 가면 한국과 고기 부위가 달라 어떤 부위를 사야 할지 고민된다. 고기를 절단하는 부위가 한국과 달라 한국에 있는 부위가 없는 경우가 많다. 그리고 대부분 크게 절단하기 때문에 한국처럼 부위가 세분화되어 있진 않다. 한인 타운에 있는 한인 정육점에는 한국에서 판매되는 부위처럼 소고기를 판매하고 있으나 가격이 비싸다.

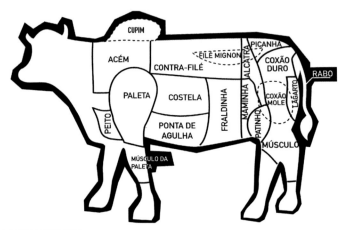

| 소고기 부위별 명칭

### •부위별 요리 방법•

| 부위 | 석쇠구이, 숯불구이 | 불판구이 | 튀김, 볶음 | 일반요리 |
|---|---|---|---|---|
| Picanha | ● | ● | | |
| Filé mignon | ● | ● | ● | |
| Contra Filé | ● | ● | ● | ● |
| Alcatra | ● | ● | ● | ● |
| Fraldinha | ● | ● | | ● |
| Músculo | | | | ● |
| Acém | | ● | | ● |
| Costela | ● | ● | | |

대부분 정육점이나 마트에서 파는 고기의 질이 우수하나, 보다 특별한 고기를 접하고 싶다면 아래 정육점을 방문하면 된다. 와규, Dry aged 고기 등을 구매할 수 있다.

•고급 고기 판매 정육점•

| 정육점 명 | 판매고기 | 소재지 |
|---|---|---|
| deBetti Dry Aged & Special Meat | Dry aged 고기, 햄버거 패티 등 | Cidade Jardim |
| FEED Açougue do Produtor | Dry aged 고기 | Jardim Paulista |
| Meatbox | BBQ Secrets 브랜드 고기 | Campo Belo |
| Casa Santa Luzia | 와규, 아르헨티나산 고기 | Jardim Paulista |
| Sta. Amélia Boutique de Carnes | 우루과이산 블랙앵거스 | Alto da Boa Vista |

|deBetti 정육점

돼지고기도 소고기와 마찬가지로 크게 자르기 때문에 갈매기살, 항정살 같은 부위를 보기 어렵다. 대부분의 대형마트나 정육점에 한국인들이 즐겨 먹는 삼겹살과 목살, 갈비 부위가 있다. 삼겹살은 1kg에 15헤알 수준으로 한국보다 저렴하다. 브라질은 세계 4대 돼지고기 수출국이다. 2018년부터 브라질 산타카타리나주에서 사육되는 돼지고기에 한해 한국으로 수출을 하고 있다. 산타카타리나주는 브라질에서 구제역 예방접종을 하지 않는 유일한 청정지역이다.

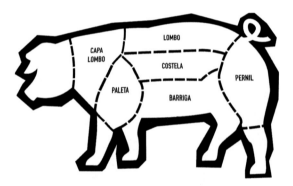

| 돼지고기 부위별 명칭

닭고기는 사이즈별로 판매가 되며, 닭 다리, 날개, 가슴살, 똥집, 염통 등 다양한 부위를 포장 판매하고 있다. 세계 최대 닭고기 수출국인 브라질은 한국으로도 활발히 수출하고 있다. 2016년 기준 한국 전체 수입 닭고기의 약 83%가 브라질 산이다. 한 브라질 친구는 한국 여행을 가서 한국적인 음식을 먹고 싶어 닭

볶음탕을 주문했는데, 뒤늦게 원산지가 브라질인 것을 알고서는 한국까지 와서 브라질 닭고기를 먹게 되어 당황했다는 에피소드를 들려준 적이 있다.

|닭고기 부위별 명칭

## 2) 커피

브라질의 대표 특산물은 커피다. 세계 커피 생산량의 35%(약 16억 톤)를 브라질이 차지하고 있다. 세계 최대 커피 생산국인 동시에 세계 2위 커피 소비국일 만큼 커피는 브라질 사람들에게는 생활의 일부분이다. 커피 산업에 종사하는 사람은 약 3천5백만 명이며, 22만 명이 커피 농장에서 일하고 있다.

1727년 프란시스쿠 지 멜루 팔레타(Francisco de Mello Palheta) 해군 장군이 가이아나(Guyana)에서 커피 열매 씨앗을 가져와 재배한 것이 브라질 최초의 커피나무였고, 1800년대에 본격적인 커피 재배가 시작되었다. 1920년대 브라질 커피 생산은 극대화 되어서 전 세계 커피 소비량의 80%를 브라질산 커피가 차지했 다. 하지만 1950년대부터 여러 중남미 국가에서 커피 생산을 시 작하면서 점차 점유율이 줄어들었다.

브라질은 과거부터 기계를 이용해 커피를 대량 생산하였다. 생산 량을 늘리는 장점이 있었지만, 반대로 덜 익은 열매와 잘 익은 열매 를 동시에 수확하게 되면서 품질이 낮아지는 문제가 있었다. 이로 인해 브라질 커피는 질보다 양을 중요시한다는 인식이 있다. 최근에 는 발전된 농법으로 품질 향상을 이루고 있다. 세계 유명 프리미엄 커피보다 품질이 낮을 수 있지만, 현지에서 접하는 커피는 한국에서 수입되어 온 커피들과는 비교할 수 없이 깊은 풍미를 자랑한다.

브라질에서 생산되는 커피의 80%는 아라비카(Arábica) 종의 Bourvon, Catuaí, Acaia, Mundo Novo, Icatu라는 종류이다. 그 외에는 대부분 로부스타(Robusta) 종을 생산하고 있다. 세하 두, 상파울루, 미나스제라이스, 이스피리투 산토스, 바히아 지역 에서 커피를 주로 생산한다. 상파울루 인근에도 여러 커피 농장 들이 있으며, 일부 농장에서는 투어 프로그램을 운영하고 있다. 우리 가족도 커피 농장 투어를 통해 생전 처음으로 커피나무와 열매를 직접 볼 수 있었다. 상파울루 남쪽에 있는 산토스시에는 커피 박물관이 있다. 커피의 역사와 종류를 소개하고 있고, 다 양한 종류의 커피도 맛볼 수 있다.

| 상파울루주 TOZAN 커피 농장

브라질 사람들은 손님이 오면 환대의 의미로 커피를 대접한다. 작은 에스프레소 컵에 진하게 내린 커피에 설탕을 많이 넣어 달콤 쌉쌀하다. 드립 커피로 내려서 보온병에 담아놓고 항시 마시기도 한다. 임산부나 초등학생들도 커피를 즐겨 마신다. 아침 식사를 까페 다 마냥(Café da Manhã)이라고 할 만큼 아침에도 커피를 마시며, 점심과 저녁 사이 먹는 간단한 간식을 까페 다 따르지(Café da tarde)라고 할 정도로 브라질 사람들에게 커피는 기호식품 이상의 의미를 가진다.

흥미로운 점은 브라질이 더운 나라임에도 불구하고, 아이스커피가 보급된 지 얼마 되지 않았다. 스타벅스 등 외국 커피 문화가 브라질에 들어오면서 아이스커피 문화가 보급되고 있기는 하나, 아직도 아이스커피는 진정한 커피가 아니라고 말하는 사람들도 많다. 보수적인 사람들은 아이스커피를 마시는 사람은 더 이상 브라질 사람이 아니라고 말하기도 한다. 스타벅스가 전국적으로 매장이 있는 것은 아니지만, 상파울루에는 주요 장소마다 매장이 있을 정도로 보편화되어 있다.

|에스프레소와 탄산수

* 에스프레소를 주문하면 탄산수를 같이 준다. 커피 본연의 맛을 즐기기 위해 먼저 물을 마셔 입을 행군 뒤 커피를 마신다.

최근 들어 Nespresso 등 캡슐 커피의 인기가 급속도로 올라가고 있다. 집에서도 손쉽게 커피숍의 에스프레소와 같은 진한 커피를 내려 마실 수 있으며, 다양한 맛의 캡슐이 있다 보니 인기가 높다. 특히, 2012년에 Nespresso가 보유하고 있던 커피 캡슐 특허가 만료되면서 여러 커피 브랜드들이 기존 Nespresso 캡슐 커피 기기에 호환 가능한 캡슐을 판매하기 시작하면서 시장이 빠른 속도로 커졌다.

상파울루에 있는 유명한 커피숍 투어도 하나의 즐거움이다. Santo Grão, Octavio café, Coffee lab 등 유명한 커피숍에서는 바리스타들이 여러 종류의 커피를 다양한 방식으로 내려 주며, 원두를 구매할 수도 있다. 또한 일부 매장에서는 바리스타 수업이나 워크숍 같은 교육 프로그램도 있다.

## 3) 생수

전 세계에서 길이가 3,000㎞ 넘는 강 26개 중 5개가 브라질에 있다. 세계에서 가장 높은 수준의 담수 유량(초당 197,500㎥)을 보유하고 있음에도 상하수도 인프라 부족으로 많은 지역에서 물 부족 또는 공급 부족 현상이 발생하고 있다. 1940~1980년대 브라질 인구는 3배 이상 급증하게 되며, 도시 거주 인구 비율도 2배 이상 증가하게 된다. 그러나 1970년대까지 법률상 상하수도 구축 및 관리 책임이 지방정부에 있었고, 급증하는 인구와 불법 주택, 제한된 예산, 전문성 부족으로 인해 상하수도 시설을 제대로 관리하지 못했다. 현재 상파울루와 같은 대도시는 정비가 잘 되었지만 아직도 대도시 주변 소도시나 시골에서는 상하수도 시설 혜택이 미치지 못하는 곳이 있다. 브라질 국가위생 정보시스템(SNIS)에 따르면 브라질 전체 인구의 83%만이 수자원을 공급하고 있으며, 51%가 하수시설을 이용하지 못하고 있다.

브라질 물에는 석회질 성분이 있어 식수는 주로 생수를 사 먹는다. 수돗물을 바로 마셔도 될 만큼의 정수 시설을 가지고 있으나 저소득층을 제외하면 대부분 수돗물을 식수로 사용하진 않는다. 2018년 상파울루 상하수도 공사인 SABESP의 상수도와 하수도 시설을 방문한 적이 있다. 상수도 시설 관리자들은 여러 단계의 정수 과정을 거쳐 식수로 바로 사용 가능하다고 했으나 같이 갔던 브라질 친구는 끝내 그 물을 마시지 않았다. 한국에서도 높은 수준의 정수 시설이 구비되어 있으나 수돗물을 식수로 사용하는 것을 꺼리듯 브라질 사람들도 수돗물에 대한 불신이 있었다.

시중에 판매되는 일부 생수에는 나트륨 성분이 많이 들어 있다. 저염식의 중요성이 높아지고 있는 만큼 물 구매 시 나트륨 함량을 확인하는 것이 좋다. 특히나 음식이 짠 브라질에서는 나트륨 섭취 관리에 신경을 써야 한다. 한국에서는 종합병원에서나 볼 수 있는 심장과가 상파울루에서는 심장전문병원이란 이름으로 길에서 쉽게 볼 수 있다. 그만큼 식습관으로 인한 심장 질환병이 많다. 생수 포장지에 리터당 나트륨 함량이 표기되어 있다.

**•시중에서 판매되는 생수의 나트륨 함량•**

| 브랜드 | 일반생수 나트륨양(mg/L) | 탄산수 나트륨양(mg/L) |
|---|---|---|
| Crystal | 35.10 | 35.10 |
| São Lourenço | 22.36 | 36.04 |
| Qualitá | 24.60 | 8.64 |
| Bonafont | 7.99 | 5.13 |
| Prata | 2.80 | 7.61 |

브라질에는 정수기가 대중화되어 있지 않다. 마트나 가전제품 매장에도 정수기는 찾아보기 힘들다. 대신 정수기처럼 생겼고 큰 생수통을 연결하여 뜨거운 물과 차가운 물을 만들어주는 냉온수기 제품이 흔하게 있다. 우리도 처음에 정수기인 줄 알고 샀다가 필터가 없는 것을 알고는 당황했던 기억이 있다. 정수기나 냉온수기를 사용하지 않더라도 수돗물을 식수로 사용할 수 없으니, 생수를 사 먹어야 한다. 다행히 생수를 배달해주는 서비스가 발달되어 있다.

구글에서 'Entrega de água em 지역 이름'으로 검색하면 해당 지역에 배달이 가능한 생수 가게가 검색된다. 포르투갈어로 전화가 어려운 경우 문자나 WhatsApp으로 연락을 취할 수 있다. 주소, 전화번호, CPF 등의 정보를 주고 어떤 브랜드의 물을 원하는지와 물 용량, 수량을 알려주면 된다. 10L나 20L 물통을 처음 주문하는 경우 하나에 20~30헤알 정도 하는 물통을 개인적으로 사야 한다. 예를 들어 2개의 물통을 산 경우 첫 배달 시 2통의 물을 배달해 준다. 그리고 재주문 시 물 배달원이 2통의 물을 가져오고 빈 2통을 다시 가져간다. 20L의 큰 생수부터 350mL 탄산수까지 다양한 종류의 물을 배달시킬 수 있다.

한국에서 약수터에서 물을 길어 마시듯 브라질에서는 생수 회사에서 물을 살 수 있다. 물통을 들고 가면 리터당 요금을 내고 생수를 구매할 수 있다. 가격은 리터당 40센타부로 배달을 시키는 것보다 절반 이상 저렴하다. 얼마나 많은 사람이 직접 물을 길어 먹겠느냐는 의구심이 있었지만, 직접 방문을 해보니 생각보다 많은 사람이 크고 작은 물통에 물을 받고 있었다. 주차장에 주차된 차만 족히 40대는 넘었다. 물맛은 평소 배달시켜 먹는 물과 비슷했다.

|Petropolis 생수 판매소

# 6. 병원

　브라질 정식 거주자 누구나 국가에서 제공하는 의료 서비스를 받을 수 있다. 국민 통합의료시스템 SUS(Sistema Único de Saúde)는 1988년부터 브라질 연방정부에서 운영하는 보건 체계로, 공립병원과 보건소 등을 통해 무료로 의사 진료, 수술, 의약품 지급을 하고 있다. 감기부터 암까지 모두 무료 치료가 가능하다. 그러나 대부분의 공립병원 시설이 열악하고 의사 수도 부족해 치료를 위해서는 오랜 대기 시간이 필요하다. 기다리다 병이 악화되거나 치료 시기를 놓쳐 버리는 경우도 허다하게 발생하기 때문에 환자들의 불만이 크다. 일반 민간 병원의 진료비, 수술비는 중·하층이 감당하기 불가능한 수준으로 비싸기 때문에 국민의 약 70%는 전적으로 SUS 시스템 의료서비스에 의존하고 있다.

　무료 의료서비스를 이용하기 위해서는 우선 SUS에 가입해야 한다. 인터넷에 'Unidade Básica de Saúde'라고 검색하면 보건소 위치를 찾을 수 있다. 보건소에 가서 SUS 카드(Cartão Nacional do SUS)를 만들고 싶다고 하고, 신분증과 CPF를 제출하면 그 자리에서 바로 SUS에 가입이 되고, 카드를 발급받을 수 있다.

|SUS 카드

　열악한 공립병원 시설을 꺼리는 상류층은 사립 병원을 이용하는데, 병원비가 매우 비싸 대부분 개인 민간보험에 가입되어 있다. 보험이 없는 경우 일반 병원에서 진찰만 받는데도 최소 10만 원은 내야 한다. 병원비가 비싼 만큼 보험료 또한 워낙 비싸기 때문에 전체 인구의 약 25%만이 민간보험에 가입되어 있다. 보험료에 따라 보험 등급이 달라지는데, 최고 수준의 병원 이용이 가능한 보험 등급의 경우 3인 가족(30대 초반 부부, 유아 1명) 기준 월 100만 원 이상의 보험료를 내야 한다. 만약 가족 구성원 중 연령이 높거나, 병력이 있는 경우 보험료가 더 높아진다. 따라서 중산층조차도 민간보험 가입이 쉽지 않다. 다만 많은 회사에서 직원들에게 복지 개념으로 민간보험을 단체 가입해주고 있다. 전체 민간보험 가입자 중 단체 가입자가 약 78%에 달한다. 주요 민간보험

회사로는 Sul America, Amil, Bradesco Saúde, Porto Seguro Saúde 등이 있다.

**•SUS와 민간보험 비교•**

| 구분 | SUS | 민간보험 |
|------|-----|----------|
| 예산 지원 및 부담 | 정부 | 개인 또는 기업 |
| 서비스 운영자 | 정부 | 민간보험회사 |
| 대상병원 | 국립병원, 보건소 | 보험 등급에 따라 이용 가능병원 다름 |
| 주요 이용자 | 전 국민 | 상류층, 직장근로자 |

저명한 의사는 민간보험을 받지 않는 경우가 많다. 예를 들어 나의 보험 등급으로 이용 가능한 병원을 가더라도 병원에 속해 있는 의사가 보험을 받지 않을 수도 있다. 이런 경우 입원이나 수술, X-ray 등의 검사는 보험처리가 되나 의사 진료비용은 특진비 명목으로 자비 부담해야 한다.

가입한 민간보험의 등급으로 이용 가능한 병원을 확인하기 위해서는 보험 가입 시 보험회사가 제공한 병원 리스트 책자를 보거나, 보험회사 홈페이지에서 검색해야 한다. 보험 적용이 가능한 병원을 찾았다면 해당 병원에 전화로 진료 예약을 해야 한다. 응급실을 제외하고 대부분의 병원에서는 환자가 무작정 병원을 찾아간다고 해서 의사를 만날 수 있지 않다. 예약한 날에 의사와 상담을 하고, 만약 추가로 검사가 필요하다면 의사가 써주는 소견서(Pedido de Médico)를 가지고 별도로 검사소에서 검사를 받아야 한다. 브라질은 대형병원이 아닌 이상, 일반 병원에서는 대부분 검사 장비가 없다. 의사 상담과 검사, 수술이 철저히 분리되어 있다. 따라서 의사들이 검진하고 상담하는 병원들은 주로 오피스텔이나 가정집 같은 곳에 소재한다. 검사소에서 검사를 받을 때도 사전에 전화로 검사받을 항목과 시간 예약을 해야 한다. 검사소에서 필요한 검사를 받은 뒤 결과 서류를 가지고 다시 진료한 의사를 찾아가야 한다. 이때도 역시 사전 예약이 필요하다.

이러한 복잡한 과정을 생략하기 위해 일부 사람들은 주치의를 두지 않고 응급실을 이용하기도 한다. 응급실에 있는 당직 의사에게 검진을 받을 수 있고, 응급실이 있는 병원은 주로 대형 병원이기 때문에 병원 내에 일정 수준의 검사 장비들이 있어 별도로 검사소를 가지 않더라도 현장에서 검사가 가능하다. 그러나 응급실이라고 해서 신속하게 검진과 검사를 받을 수 있는 것은 아니다. 사고 등으로 생사가 위급한 환자가 아니라면 대기를 해야 한다. 우리도 아내가 임신 6개월 때 노로바이러스에 감염이 되어 급히 응급실을 찾은 적이 있다. 산모였고 고열에 설사까지 하는 상황이었지만 오전 10시쯤 찾아간 응급실에서 검진과 치료를 마치고 나온 시간은 저녁 8시였다. 온종일 응급실에서 기다린 이날 이후로, 아프더라도 참았다가 응급실에 사람이 없는 밤늦은 시간 혹은 새벽에 찾아갔다.

응급실의 진료 프로세스는 심사(Triagem) → 접수(Recepção) → 진료(Consulta) → 치료/검사(Enfermagem) 또는 처방(Medicação) 4단계로 구분된다. 응급실에 도착하면 무작정 접수대로 가는 것이 아니라, 우선 번호표를 뽑고 기다려야 한다. 번호판 안내 화면에 나의 번호가 나오면 Triagem으로 가서 간호사와 간단한 면담을 한다. 나의 증상과 병원에 오게 된 배경을 얘기하면, 간호사가 환자의 상태가 얼마나 심각한지 판단하여 진료 순서를 정한다. 간호사와의 면담이 끝나면 Recepção으로 가서 신분증과 민간보험카드를 제출하여 접수한다. 진료는 응급실 당직 의사가 맡으며, 추가 치료나 정밀 검사가 필요한 경우 Enfermagem 단계로 넘어가 병원 내에서 별도로 치료나 검사를 더 받게 된다. 검진이나 치료가 끝난 후, 약 처방이 필요한 경우 Medicação으로 넘어간다. 처방전(Receita Médica)을 주는데 이것을 들고 약국으로 가서 약을 구매하면 된다.

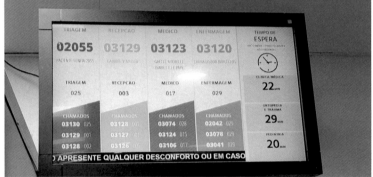

| 응급실 접수 대기실

* 응급실 대기자 안내 화면. 각 단계별로 대기 순서를 안내해준다.

　　민간보험을 쓰면서 공공의료 시스템의 혜택을 받을 수도 있다. 보건소에서 제공하는 무료 예방 접종은 개인병원에서 보험처리가 되지 않는 경우가 많다. 신생아의 경우 돌 때까지 2~3개월 한 번꼴로 서너 가지의 접종 주사를 맞는다. 어른이나 아이도 황열병, 독감 접종 등을 맞아야 하는 경우가 발생한다. 개인병원에서는 접종 하나에 100~300헤알 정도의 돈을 내야 한다. 그러나 보건소에서는 대부분의 접종을 무료로 할 수 있다. 일부 보건소 약의 품질에 의구심을 가지는 사람도 있다. 우리 부부와 아이들은 보건소에서 여러 번 접종 주사를 맞았지만 아무런 문제가 없었다. 그리고 개인병원에서 받은 약 처방전을 가지고 공립약국(Farmácia Popular)을 찾아가면 저렴한 가격이나 무료로 약을 살 수 있다.

민간보험에 가입되어 있지 않고, 공립병원은 가기 싫은 사람들을 위해 최근 대중 진료소(Clínica Popular)라는 의료 시설이 많이 생겼다. 사립병원 개념의 진료소다. 의사들이 민간보험을 보유한 환자를 상담하거나 치료하는 경우 보험회사로부터 일정 금액을 받게 되는데, 그 금액이 많지 않다. 유명한 의사가 아닌 경우 주로 민간보험을 보유한 환자들을 진료하게 되고 수입이 많지 않다. 이러한 의사들을 고용하여, 보험회사에서 주는 비용보다는 의사들에게 수당을 더 많이 주고, 민간보험이 없는 환자들에게는 합리적인 가격에 의료 서비스를 제공하는 진료소들이 생겨난 것이다. 민간보험 없이 사립병원을 찾을 때보다 비용이 1/3 정도밖에 하지 않으며, 일반검진부터 종합 건강검진, 간단한 수술까지 받을 수 있다.

|Cia da Consulta 진료소

### • 상파울루의 주요 대중 진료소 •

| 진료소 | 사이트 |
|---|---|
| Dr. Consulta | www.drconsulta.com |
| Cia da Consulta | ciadaconsulta.com.br |
| Clínica Fares | www.clinicafares.com.br |
| Dr. Agora | www.doutoragora.com.br |

브라질의 약국과 한국 약국의 큰 차이점은 두 가지가 있다. 첫째, 브라질 약국은 체인점 형식의 약국이라 개인 약국을 찾아보기 어렵다. 둘째, 약사가 의사의 처방전에 따라 한 번에 먹어야 하는 약을 조제하여 봉지에 포장해주는 한국과 달리, 브라질에서는 각 약을 통째로 사서 소비자가 알아서 한 알씩 챙겨 먹어야 한다. 이로 인해 처방 일수만큼 약을 먹고 나면, 항상 약이 많이 남는다. 물론 보관했다가 추후 복용해도 되지만, 자주 아프지 않은 이상 유통기한이 넘어 버리게 된다.

## ※ 약국 용어

Descongestionante nasal: 코막힘 약
Antibiótico: 항생제
Analgésico: 진통제
Anti-inflamatório: 소염제
Anticoncepcional: 피임약
Antidepressivo: 우울증 치료제
Antidiabético: 당뇨병 약
Pomada: 연고
Pomada para assaduras: 발진용 연고
Soro fisiológico: 식염수
Antiácido: 제산제
Laxante: 변비약
Antidiarreico: 지사제

## ※ 브라질에서 흔히 먹는 약 이름(상표)

해열제, 소염제: Tylenol, Novalgina
진통제(근육, 목, 머리등): Dorflex, Advil
소화제, 제산제: ENO, Estomazil
지사제: Floratil
임산부 철분제: Ogestan Plus
종합 감기약: Naldecon Pak, Decongex
알러지약: Allegra, Polaramine
식염수: Rinosoro, Maresis

## ※ 증상 용어

Sintoma: 증상
Caxumba: 볼거리
Rubéola: 풍진
Catapora: 수두
Sarampo: 홍역
Conjuntivite: 결막염
Otite: 중이염
Infecção na garganta: 인후염
Pneumonia: 폐렴
Bronquite: 기관지염
Gripe: 감기
Resfriado: 가벼운 감기
Alergia respiratória: 호흡 기 알레르기
Coceira: 가려움
Bolinha: 반점
Espirro: 재채기
Congestão nasal: 코막힘
Coriza: 콧물
Catarro: 가래
Tosse: 기침
Amígdala: 편도선
Contágio: 전염
Secreção: 분비물
Vômito: 구토
Gases : (배에 차는) 가스
Diarreia: 설사
Manchas no corpo: 몸의 반점
Bolinha de água: 물집
Gastrite: 위염

**155**

Acupuntura: 한의원(침술)
Alergia e imunologia: 알러지 및 면역학
Anestesiologia: 마취학
Angiologia: 혈관학
Cancerologia(oncologia): 암학(종양학)
Cardiologia: 심장학
Dermatologia: 피부과
Endoscopia: 내시경
Gastroenterologia: 위장병학
Geriatria: 노인의학
Ginecologia e obstetrícia: 산부인과
Hematologia: 혈액학
Infectologia: 감염학
Mastologia: 유방학
Medicina de emergência: 응급의학
Medicina do tráfego: 교통의학
Medicina física e reabilitação: 물리치료 및 재활
Medicina nuclear: 핵의학
Nefrologia: 신장학
Neurologia: 신경학
Odontologia: 치과
Oftalmologia: 안과
Otorrinolaringologia: 이비인후과
Pediatria: 소아과
Pneumologia: 폐장학
Psiquiatria: 정신 의학
Radioterapia: 방사선치료
Reumatologia: 류마티스학
Urologia: 비뇨기과학

# 7. 쇼핑

브라질의 백화점은 쇼핑몰 개념이다. 쇼핑몰 건물에 각각의 브랜드들이 입점해 있는 것이지, 한국의 백화점처럼 운영되지 않는다. 쇼핑에는 브라질 로컬 브랜드들도 있지만, ZARA 등 한국에서도 흔하게 볼 수 있는 글로벌 브랜드들이 많이 있다. 의류, 가전제품, 가구, 마사지 및 피부 관리, 푸드코트, 마트, 영화관 등 다양한 매장으로 구성되어 있다. 주말이면 물건 구매를 목적으로 오는 사람들도 있지만, 영화를 보거나 식사를 위해 쇼핑을 찾는 사람들도 상당히 많다. 특히 실내 놀이터, 테마파크, 레고 전시회 등 아이들을 위한 이벤트나 시설이 어느 쇼핑에나 존재하기 때문에 아이가 있는 가족들이 많이 찾는다.

**·상파울루 주요 쇼핑·**

| 쇼핑 | 특징 |
|---|---|
| Shopping JK Iguatemi | 명품 매장 다수 입점된 고급 쇼핑 |
| Shopping Iguatemi | 브라질 최초의 쇼핑 센터 |
| Shopping Cidade Jardim | 명품 매장 다수 입점된 고급 쇼핑 |
| Shopping Cidade São Paulo | 파울리스타에 있는 대형 쇼핑 |
| Shopping Morumbi | 쇼핑 사무동에 한국 기업들이 입주되어 있음 |

쇼핑몰도 어느 정도 등급이 있으며, 소재 지역에 따라 방문하는 고객들의 외적 모습도 차이가 크게 난다. 명품 브랜드 위주로 구성된 쇼핑이 있는가 하면, 대부분 현지 브랜드나 저렴한 글로벌 브랜드로 구성된 쇼핑도 있다.

브라질 쇼핑에서 주의할 점은, 환불이 용의하지 않다는 것이다. 대부분 교환은 물건을 구매한 날로부터 30일 이내에 가격표나 포장을 뜯지 않으면 교환이 가능하나, 제품에 하자가 있는 경우가 아닌 이상 환불은 잘 해주지 않는다. 그러니 환불이나 교환 가능성이 있을 것 같은 물건을 구매할 때는, 매장 직원에게 환불 가능 여부와 교환 조건을 사전에 물어보고 사야 한다.

# 8. 생활 편의 시설

## 1) 세탁소

거리에서 세탁소, 빨래방을 흔하게 볼 수 있다. 첫 방문 시 회원가입을 위해 기본적인 개인정보를 등록한다. 세탁물을 주면 찾으러 올 것인지, 아니면 배달을 원하는지 물어본다. 대부분 수거와 배달은 무료이나 거리가 멀면 서비스 제공이 안 된다. 주의할 점은 한국에서도 와이셔츠 한 벌 세탁과 다림질에 천 원인 세탁 체인점이 있듯이, 현지에서도 체인점 형식의 세탁소인지 일반 개인이 하는 세탁소인지에 따라 가격 차이가 크게 난다. 물론 체인점 세탁소는 기계로 모든 과정이 이루어지다 보니 옷감이 상하는 경우가 종종 발생하는 단점이 있다. 고급 세탁물일 경우 가격이 비싸더라도 개인이 운영하는 세탁소를 이용하는 것도 방법이다. 집 근처의 노부부가 운영하는 개인 세탁소는 세탁이나 드라이클리닝 비용이 다른 세탁소보다 세 배나 비쌌다. 이곳은 두 노부부가 손수 세탁하고 다림질하기 때문에 비용은 비싸지만 꼼꼼한 세탁과 다림질 서비스를 받을 수 있었다.

브라질의 뜨거운 햇빛 아래에 빨래를 말리면 뽀송뽀송 잘 마를 수 있을 것으로 보이지만 실상은 그렇지 않다. 기본적으로 아파트 베란다에 빨래를 말리지 못하기 때문에 다용도실 내에서 말려야 하며, 우기 시즌에는 습한 날씨로 인해 빨래가 잘 안 마른다. 아기 빨래 등으로 빨래 양이 많은 우리 가족은 우기 시즌에 잘 마르지 않는 빨래로 고민을 하다 집 근처의 코인 빨래방에 가서 세탁과 건조를 해봤다. 집에 멀쩡한 세탁기를 놔두고 이게 뭐 하는 것인가라는 생각에 빨래방 주인에게 한탄했더니, 빨래방 주인은 우기 시즌이면 빨래방에서 건조기를 이용하는 사람이 많다며 잘 왔다고 반겨 주었다. 우리가 이용한 빨래방에서는 건조기 이용 시 한 바구니(약 15kg)에 40헤알이었다. 요즘 한국에서는 미세먼지로 인해 건조기를 사용하는 가정이 늘고 있다고 한다. 브라질에서도 건조기 기능이 있는 세탁기나, 건조기가 판매되고 있으나 한국보다 훨씬 비싸다. 따라서 우기 시즌만 빨래방에서 건조기를 이용하는 것도 유용한 생활 방법이다.

브라질에는 대부분 세탁소에서 옷 수선을 하지 않는다. 수선을 전문적으로 하는 곳이 따로 있다. 쇼핑에 주로 옷을 수선하는 곳이 있다. 브라질에서 파는 옷들이 한국인 체형과 맞지 않는 경우가 많기 때문에, 쇼핑에서 옷을 구매할 때 계산하는 직원에게 쇼핑 내에 수선점이 있는지 물어보면 된다. 바지 밑단을 줄이는 경우 15~30헤알 정도이기 때문에 한국과 비슷한 가격에 이용할 수 있다.

| 세탁소 카운터

※ 세탁소 및 수선집 용어

Limpeza a seco: 드라이 클리닝
Limpeza a água: 물세탁
Passadoria: 다림질
Restauração de cores: 옷의 색 복구
Ajustes em geral: (전체) 줄이기
Customização de peças: 리폼
Sapataria: 신발 수선
Peças sob medida: 맞춤옷
Tingimento: 염색

## 2) 미용실

한국의 미용실은 주로 머리를 자르거나 파마를 하는 곳이지 연예인이나 결혼식을 올리는 신부가 아닌 이상 화장이나 네일 서비스를 이용하지 않는다. 브라질의 미용실은 이름 그대로 미용을 하는 곳이다. 동네 미용실에서도 머리 손질부터 화장, 네일, 피부 관리, 발 케어, 제모 등 다양한 서비스를 제공한다.

브라질은 세계 4위 화장품 시장을 보유하고 있다. 그만큼 브라질 여자들은 꾸미는 것을 좋아한다. 저소득층 사람들도 일주일에 한 번은 꼭 네일 케어를 한다. 네일 케어의 경우 한국보다 저렴하지만, 퀄리티는 많이 떨어진다. 젤 네일은 찾아보기 어렵고, 화려하고 예쁜 장식보다는 주로 손톱을 케어하고 한 가지색 매니큐어를 발라주는 정도다.

파티에 참석하는 여성들은 주로 메이크업과 헤어를 미용실에서 한다. 클럽 같은 밤 문화 외에도 결혼식, 생일 등 파티가 많다. 결혼식의 경우 식이 끝난 뒤 댄스파티가 있다. 고등학교나 대학교의 졸업식도 저녁에 댄스파티가 있다. 이런 파티에 참석하는 여성들은 이브닝드레스와 화려한 메이크업, 헤어를 하고 밤새도록 춤추고 술을 마시고 즐긴다. 발달된 파티 문화로 미용이 필요한 여성의 수요가 높다 보니, 자연스럽게 미용실의 기능도 발달한 것 같다. 현지 미용실을 이용할 때 주의할 점은, 커트 등 모든 서비스 전·후로 머리를 감을 시 비용이 추가로 부과된다.

우리 부부의 경우와 주변의 경험을 볼 때, 한국인들이 브라질 미용실에서 머리를 자르거나 파마를 하는 경우 만족도가 낮은 편이다. 브라질에 인종이 다양하다 보니 세상의 모든 모발 종류가 존재하는 나라이긴 하지만, 소수 인종인 동양인의 머리카락을 잘 다루는 미용실이 많진 않다. 머리카락 외에도 두상도 다르기 때문에 브라질 헤어 디자이너들이 어려움을 겪기도 한다. 여성 파마의 경우 현지인들은 주로 매직 스타일로 하기 때문에 한국처럼 다양한 웨이브 파마 기술이 발달되어 있지 않다. 때문에 한국인들은 한인 타운의 한국 미용실을 주로 이용한다.

최근 3~4년간 남성 전용 고급 이발소가 급속히 성장했다. 이발과 면도 외에도 술과 음식을 즐길 수 있다. 분위기 있게 인테리어가 되어 있고 서비스 수준도 매우 높다. 그만큼 가격도 높다. 남성 커트가 100헤알 이상인 경우가 대부분이다. 최근에는 Pão de Açucar, Extra 등 대형마트 야외 주차장에 체인점 이발소들이 입점하고 있다. 브라질 남성들이 주로 하는 짧은 머리와 면도를 전문으로 한다. 가격은 50헤알 정도로 저렴하다. 대형 마트에 있기 때문에 쉽게 갈 수 있고, 저렴함으로 한국 머리 스타일에 연연하지 않는다면 유용한 이발소다.

|남성 전용 이발소

## ※ 미용실 용어

Corte feminino: 여성 커트
Corte masculino: 남성 커트
Corte infantil: 어린이 커트
Franja: 앞머리
Lavagem: 머리감기
Secagem: 드라이(머리만 말려주는 것)
Escova: 원하는 모양으로 머리 드라이
Progressiva: 매직
Reconstrução: (상한 머릿결) 복구
Alisamento: 스트레이트 펌
Tratamento e hidratação: 헤어트리트먼트와 영양
Tonalizaste e coloração: 염색
Retoque de raiz: 뿌리염색
Descoloração: 탈색
Penteado para festa ou casamento: 파티나 결혼식용 올림머리
Maquiagem para festa ou casamento: 파티나 결혼식 화장
Mechas: 하이라이트 염색
Manicure e pedicure: 네일케어와 페디케어
Limpeza de pele: 피부 관리
Depilação: 왁싱

*Part 4*

출산 및 교육

# 1. 출산

　외국에서 아이를 출산한다는 것은 쉽지 않은 결정이다. 미국처럼 시민권 등의 메리트가 있어 원정 출산을 하는 것이 아니라면 대부분 해외보다는 한국에서의 출산을 선호할 것이다. 우리 부부도 한국에서 출산할지, 브라질에서 출산할지 많은 고민을 했었다. 결론은 브라질에서 출산했고, 지금 생각해보면 잘한 선택인 것 같다.

　브라질로 발령 소식을 받고 일주일 후, 소중한 첫아이를 가지게 된 것을 알게 되었다. 새 생명을 선물 받았다는 기쁨과 동시에 두려움이 다가왔다. 출산 준비부터 산후조리까지의 시설이 잘 갖추어진 한국을 떠나 브라질에서 출산한다는 것에 걱정이 앞섰다. 그리고 임신 3개월 차에 24시간 이상 장거리 비행을 하는 것이 배 속의 아이에게 무리가 되진 않을까 염려되었다. 당시 한국에서는 메르스가, 브라질에서는 지카 바이러스가 유행하고 있었다. 하루하루를 아이가 건강하기만을 바라는 심정으로 브라질로의 출국을 준비하였다.

　브라질 도착 후 집 구하기 등 여러 정착 준비와 의료보험 가입 준비로 인해 한동안 산부인과를 이용하지 못했다. 대부분의 부모가 그렇듯, 우리도 첫아이인지라 호들갑을 많이 떨었다. 조금

**169**

만 무리를 하면 걱정을 하고, 지카 바이러스 때문에 집에 모기 한 마리만 보여도 잠을 설치기 일쑤였다. 딸인지 아들인지도 많이 궁금했다. 그런 상황에서 보험이 없어 병원을 가지 못하니 답답할 노릇이었다.

우리 부부의 민간보험 가입이 늦어진 이유는 임신 때문이었다. 출산 비용을 민간보험으로 처리하기 위해서는 임신을 하기 3개월 전부터 보험에 가입이 되어 있어야 한다는 것이었다. 즉, 임신 사실을 안 뒤, 병원비를 아낄 목적으로 보험에 가입하는 것을 금지한다는 것이었다. 보험사에 우리는 병원비를 아낄 목적이 아니라, 임신을 한 상태에서 브라질로 파견을 온 것이라고 설명을 했지만 설득하기 쉽지 않았다. 그러나 브라질에서는 되는 것도 없지만 안 되는 것도 없다. 오랜 설득 끝에 보험회사에서는 특별히 승인을 해주겠다고 하였다. 역시 브라질은 쉽게 포기해서는 안 된다. 우리 부부처럼 마음고생을 하지 않으려면, 브라질로 이주 예정 시 임신 계획을 잘 수립하는 것이 좋다.

브라질의 산부인과 구조는 일반 병원 시스템과 마찬가지로 검진소, 검사소, 응급실, 출산병원으로 분리되어있다. 검진소는 산부인과 의사와 상담을 받는 병원이며, 검사소는 초음파 등 의사가 환자의 상태를 파악하기 위해 필요한 검사를 받는 시설이다. 응급실은 대형병원이나 출산병원에 있으며, 긴급한 환자를 지원한다. 출산병원은 분만만 담당한다. 브라질의 산부인과 검진소에는 한국과 달리 초음파 기계나 분만 시설이 없다.

검진소 이용을 위해서는 우선 산부인과 주치의를 찾아야 한다. 길거리에 보이는 아무 산부인과 검진소를 찾아가는 것이 아니라, 보험회사 홈페이지에 접속하여 나의 보험으로 이용 가능한 병원 리스트를 확인해야 한다. 가끔 보험회사 홈페이지에 없는 병원에서도 보험을 받는 경우가 있다. 주변에서 괜찮은 병원이라고 추천을 받았는데, 보험회사 홈페이지에 등록되어 있지 않다고 하더라도 실망하지 말고 병원에 직접 전화를 해서 어떤 보험을 받는지 확인하는 것이 필요하다. 다음은 방문 상담을 희망하는 병원에 전화로 예약을 해야 한다. 그러나 마음에 드는 의사를 찾기가 쉽지 않다. 한국은 산부인과 병원 혹은 홈페이지에 의사의 사진과 이름, 이력을 게재하기 때문에 어떤 의사와 상담을 받을지 미리 짐작할 수 있다. 하지만 브라질에서는 이름으로 여자 의사인지 남자 의사인지 유추만 할 수 있을 뿐, 의사의 정보를 확인할 수가 없다. 심지어 보험회사 홈페이지에 등록되어 있는 의사 이름이 여자이나, 막상 병원에 가보면 남자 의사가 있는 경우도 있다.

첫 진료 때는 의사와의 상담 날짜를 기본으로 일주일씩 기다려야 한다. 운이 좋으면 며칠 안에 검진을 받을 수가 있다. 참고로 나중에 주치의를 결정하고 매번 검진을 받을 때는 첫 검진처럼 오래 기다릴 필요 없이 의사의 진료 공백 시간에 예약을 받아주기 때문에 빠른 검진을 받을 수 있다. 브라질 병원의 의사들은 한국의 병원과는 다르게 환자 상담을 상당히 오래 한다. 환자의

사소한 이야기를 세심히 들어주고 일일이 답해준다. 정말 이것저 것 상담을 받는 느낌이다. 그래서 의사들이 하루에 받을 수 있는 환자가 많지 않기 때문에 미리 예약을 하지 않으면 의사를 만나 기 힘들다.

우리는 총 7명의 의사에게 검진을 받았다. 7명씩에게나 검진 받은 이유는 출산 비용 때문이었다. 출산할 큰 병원은 대부분 보 험으로 처리가 된다. 하지만 분만을 집도하는 의사의 비용은 대 부분 보험처리가 되지 않는다. 분만 수술 비용도 보험으로 처리 해서 별도의 추가 비용을 받지 않는 의사도 있다고 하는데, 우리 는 검진을 받은 7명의 의사 외에도, 전화로 약 스무 군데 이상의 병원에 문의했으나 분만 수술 비용을 보험처리로 받는다는 의사 를 찾지 못하였다. 결국 임신 5개월째에 마음에 들고 분만수술 비용도 합리적으로 제시한 주치의를 찾을 수 있었다.

대부분 검진소에는 초음파 기계 등 검사 장비가 없어, 의사가 써주는 소견서를 들고 검사소를 방문해야 한다. 예약된 날짜에 검사를 받으면, 당일에 바로 결과를 받을 수 있는 검사들이 있 고, 다소 시간이 걸려 우편이나 이메일로 결과를 받을 수 있는 검사들이 있다. 결과를 다 받은 뒤, 다시 주치의와 검진을 예약 해야 한다. 일반적으로 검사 후 검진은 되도록 빨리 예약을 잡 아준다. 의사들은 검사소에서 받아온 결과를 보고 상담을 해주 며, 별 이상이 없으면 몇 주 뒤나 몇 달 뒤에 다시 방문하라고 알 려준다. 혹시나 이상이 있어서 약을 복용해야 한다면 처방전을 써주며, 추가로 검사가 필요한 경우에는 다시 검사소를 방문하여 검사하게 된다, 이런 복잡한 과정을 거쳐 우리는 임신 5개월 만에 태아의 성별을 알았고, 다행히 22주 끝자락에 검진을 받아서 2차 기형아 테스트를 무사히 받을 수 있었다.

검진과 검사를 받은 뒤 분만을 할 출산병원을 알아봐야 한다. 산부인과 의사마다 출산 집도를 할 수 있는 출산병원이 정해져 있다. 나의 담당 주치의가 수술이 가능한 병원이 나의 보험을 받는지부터 알아봐야 한다. 보험 적용도 중요하지만, 산모가 병원 시설에 만족하는지도 중요한 부분이다. 대부분 큰 출산병원은 병원 시설을 소개하는 투어 프로그램이 있다. 이 또한 전화 예약이 필수이다. 투어할 인원수와 일시를 정해서 병원을 가면, 투어 담당자가 병원 소개 자료 제공과 더불어 분만실, 수술실, 입원실을 보여준다. 보험 등급에 따라 입원실 등급도 달라지니, 사전에 보험 등급을 알려주는 것이 필요하다.

**· 주요 출산병원 리스트 ·**

| 병원명 | 소재지 | 사이트 |
|---|---|---|
| Pro Matre | Bela Vista | www.promatresp.com.br |
| Santa Joana | Paraíso | www.santajoana.com.br |
| Israelita Albert Einstein | Morumbi | www.einstein.br |

우리 주치의는 50대 초반의 여자 의사였다. 주치의는 분만수술 비용으로 3,000헤알을 요구했다. 마취 팀 등 같이 수술을 하러 들어오는 다른 의사에게 줄 돈이 포함된 금액이라 했다. 그나마 알아본 의사 중 비용이 저렴한 편이었다. 출산병원에서 무료로 수술을 해주는 의사가 있지만 어떤 의사가 수술을 담당할지는 당일에서야 알 수 있기 때문에 불안한 면이 있었다. 결국 추가 비용이 들더라도 몇 달간 임산부의 건강 상태를 확인한 주치의와 수술을 하게 되었다. 의사는 자연분만과 제왕절개 모두 동일한 비용이 청구된다고 하였다. 브라질은 자연분만보다 제왕절개를 선호하고 의사들도 보통 수술을 권장한다. 산모의 의지로 자연분만을 진행하는 것으로 했다가도 진통이 몇 시간 이어지면 온갖 위험하다는 의견을 제시하며 결국 제왕절개 수술을 하게 만든다. 진통이 왔을 때부터 병원에 와서 아이를 낳을 때까지 대기해야 하기 때문에 수술을 권유하는 것이다. 자연분만을 꼭 하고 싶다면, 미리 주치의에게 자연분만에 대한 강한 의지를 밝히고 상담을 해야 한다.

우리 부부도 진통이 시작되자 의사는 자궁 문이 열리지 않는다며 바로 제왕절개를 하자고 권하였다. 그렇게 제왕절개로 우리의 사랑하는 첫 딸과 만날 수 있었다. 18시에 수술을 시작하여 약 50분 만에 수술이 끝났다. 남편은 카메라를 들고 수술실로 들어갈 수 있는데, 사전에 별도의 장소에서 수술복을 입고 수술실로 들어와도 좋다는 호출을 기다린다. 동시에 수술이 진행되는 남편들 3~4명이 수술복을 입고 초초하고 긴장된 표정으로 앉아 있다가 이름을 부르면 한 명씩 수술실로 들어갔다. 수술실에서 산모 옆을 지키다 아이를 꺼내기 직전에 의사가 카메라를 들고 옆으로 오라고 불렀다. 아이가 산모 뱃속에서 나오는 장면을 찍을 수 있도록 연출을 해준 것이다. 수술이 끝나고 아이와 산모의 건강을 확인한 뒤, 옷을 갈아입기 위해 탈의실로 돌아왔을 때 수술실로 들어가기 위해 같이 대기하던 남편들을 다시 만날 수 있었고 모두 긴장이 풀려 기진맥진한 상태로 서로 축하한다며 인사를 했었다.

21시쯤 입원실로 산모와 아이가 들어왔다. 간호사가 아이를 케어하는 방법을 간략히 설명해줬고 수시로 들어와 산모와 아기의 상태를 확인했다. 놀라운 것은 새벽 4시가 되자 간호사가 들어와 산모에게 샤워를 해야 된다고 하는 것이었다. 한국에서는 상상도 못 할 광경이었다. 일주일 정도는 뜨끈한 아랫목에서 몸을 추스르는 것이 한국의 문화인데, 브라질에서는 산모의 몸을 청결하게 하는 것을 더 중요하게 여긴다. 그리고 아침 7시가 되자 산모의 아침으로 빵과 커피가 나왔다. 역시 브라질은 커피의 나라이다.

| 출산병원 입원실

* 민간보험에 가입되어 있으면 1인실 입원실도 전액 보험으로 이용 가능하다.

아침이 되면 수술을 집도한 주치의가 입원실을 방문하여 산모의 건강 상태를 확인한다. 이때 의사에게 선물을 주는 것이 브라질의 문화다. 그리고 출산 후 산모와 아기를 보러 병실에 찾아오는 손님들을 위한 답례품도 준비해야 한다. 브라질 사람들은 대부분 아기나 산모의 선물을 사 오기 때문에, 답례품이나 커피, 쿠키 같은 것을 대접한다. 또 다른 준비물이 있다. 뽀르따 마떼르니다지(Porta Maternidade)라는 재미있는 문화가 있다. 입원실문에 아이 이름이 크게 들어가 있는 액자나, 인형 등을 걸어놓는 것이다. 직접 그린 것도 있고, 자수나, 뜨개질, 주문 제작한나무집과 인형도 있다. 출산 전에 미리 준비해둬야 한다.

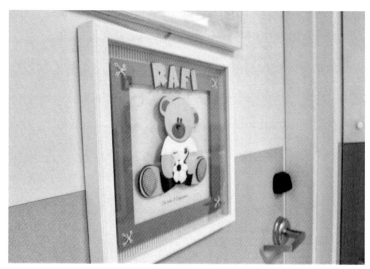

<Porta Maternidade가 걸려있는 입원실 문>

우여곡절 끝에 첫째를 낳았고, 우리 부부가 원하던 데로 둘째
가 일찍 찾아와주었다. 첫째 아이가 8개월이 되었을 무렵이었다.
계획된 임신이었고, 한 번의 출산 경험도 있어 브라질에서의 출
산에 대한 두려움은 없었다. 둘째 임신 여부를 확인하는데, 가
장 도움이 되었던 부분은 출산병원의 응급실이었다. 팁을 알려
주자면, 임신 테스트기에 양성 반응이 나왔으나, 주치의가 아직
없어서 임신 여부를 정확하게 알아보기가 힘든 상황이라면 출산
병원 응급실로 가면 된다. 응급실에서 간단한 피검사와 초음파
등으로 임신 여부를 바로 알 수 있다. 응급실에는 검사기계와 당
직 의사들이 있어서 주치의 검진을 받고 검사소에서 초음파 검
사를 받은 뒤 또다시 주치의를 찾아서 임신 여부 검진을 받아야

하는 복잡한 과정을 전부 생략하고 피검사나 주 수에 따른 초음파 검사를 받고 결과를 바로 받아볼 수 있다.

어떤 사람들은 주치의를 구하기 어려운데 그냥 응급실을 다니면서 검사받으면 안 되는지 물어보는 경우가 있다. 초기에 간단한 검사는 가능하나 나중에 중요한 검사들은 주치의의 소견서가 있어야만 검사 진행이 가능하다. 예를 들어 1차, 2차 기형아 테스트, 임산부 당뇨 테스트, 피검사 등은 주치의의 소견서가 필요하다. 임신 여부를 알거나, 어디 부딪치거나 뱃속 태아가 이상하다 느낄 때는 주치의 없이 바로 응급실로 가서 검사를 받을 수 있으니, 항상 주변 큰 산부인과 응급실이 어디에 있는지 알고 있는 것이 좋다.

첫째를 출산할 때 의사에게 3,000헤알을 지불했던 우리는, 둘째는 차라리 분만수술 비용을 아껴 다른 육아용품을 더 사는 것이 좋겠다 싶어 출산 비용이 들지 않는 산부인과 주치의를 더 알아봤지만 결국 적합한 의사를 못 찾았다. 그래서 결정한 것이 바로 출산 직전까지 주치의에게 검진을 받고, 분만은 출산병원 응급실에 있는 당직 의사에게 받기로 결정하였다. 출산병원이 보험처리가 되는 병원이라면 당직 의사에게 돈을 별도로 내지 않아도 된다. 하지만, 당일에 어떤 의사가 있는지, 누가 분만을 도와줄지 모르기 때문에, 확실히 겁도 더 나고 불안한 부분이 있었다.

얼굴도 모르는 의사에게 대뜸 수술을 받았지만 수술 결과는 기존 주치의보다 더 만족스러웠다. 그리고 물론, 우리의 주치의는 당직 의사와 출산을 하리라는 것을 불쾌해했다. 아마 대부분의 브라질 주치의가 검진만 받다가 출산만 다른 데서 한다고 하면 싫어할 것이다. 나중에 퇴원 후 주치의에게 실밥 뽑아달라고 요청했지만, 자기가 진행한 수술이 아니기 때문에 실밥 제거를 해줄 수 없다고 하였다.

---

**※ 산부인과 용어**

Idade gestacional: 태아 주수
Hemograma: 혈구수에 관한 검사
Glicose em jejum: 공복에 혈당 검사
Exame de sangue para hepatite B e C: B, C형 간염 피검사
Exame de urina e urocultura: 소변검사
Exame de fazes: 대변검사
Sorologia para HIV: 에이즈검사
Ultrassom: 초음파
Exame ginecológico e papanicolau: 자궁 경부 세포진 검사
Ultrassonografia morfológica de primeiro trimestre: 1차 기형아 테스트
Ultrassonografia morfológica de segundo trimestre: 2차 기형아 테스트
Líquido amniótico: 양수
Recém-nascido: 갓난아기
Período de gestação: 임신기간
Estourar, romper (bolsa): 양수가 터지다
Trabalho de parto: 진통
Dar à luz: 아기가 세상에 나오는 순간, 출생
Amamentar: 모유 수유
Teste do pezinho: 갓난아기 발뒤꿈치로 피검사하기
Depressão pós-parto: 산후우울증

# 2. 소아과

브라질 소아과는 단순히 아이의 병을 확인하는 곳이 아니라 아이의 성장과 부모의 육아에 대한 컨설팅을 받는 곳이다. 첫째가 생후 한 달이 되었을 때 아기의 성장이 정상인지와 예방 접종에 대해 알아보기 위해 처음 소아과를 방문했다. 처음에는 개인 검진소라 병원 시설이 좋지 않아 과연 우수한 의사일까 하는 의구심이 있었지만, 일본계 브라질 여자 선생님의 친절함에 놀라지 않을 수 없었다. 아기의 키, 몸무게, 머리둘레를 재고, 배를 누르거나 배꼽 상태를 확인하는 등 외관 검진과 더불어 아기가 하루에 몇 시간씩 자는지, 먹는 양이 얼마 정도인지, 분유는 어떤 브랜드를 먹이는지, 황달 예방은 어떻게 해야 하는지 등 다양한 정보를 세세하게 확인하고 알려주었다. 브라질을 떠나기 전까지 매달 검진을 받았는데, 매번 기본 30~40분씩은 상담을 했으며, 이유식을 만드는 법부터 아이의 행동에 따른 부모의 반응 방법까지도 알려주었다. 그리고 의사와 WhatsApp을 연결하여 아기가 이상 행동을 하거나, 응급 상황일 때 메신저로 수시로 연락을 취할 수 있었다.

브라질에서는 소아과 주치의가 반드시 필요하다. 유치원에 입학할 때나, 응급실 이용 시 소아과 주치의 이름과 연락처를 기재

해야 한다. 아이가 갑자기 아파 응급실을 간 경우, 응급실 의사가 초기 대응이나 치료를 한 뒤 아이의 주치의한테 직접 연락을 취해 아이의 상태를 설명하고 추가로 치료가 필요한 부분에 대해 알려준다. 소아과 주치의는 응급실 치료 내용과 더불어 평소 상담 내용까지 모든 성장 과정을 데이터로 만들어서 보관한다. 왜 평소에도 어른과 아이 할 것 없이 주치의가 필요한지 브라질 소아과를 경험하면서 깨달을 수 있었다.

브라질 소아과에 적응을 하고 첫째가 20개월, 둘째가 4개월이 되었을 때 한국에 3개월간 방문을 했었다. 더운 나라에서 자란 아이들이 한국의 매서운 추위를 견디지 못했고, 결국 감기에 걸리게 되었다. 아동병원을 갔는데 의사와 대화도 몇 마디 못해보고 5분 만에 진료를 마치고 약 처방전을 받고 나와야 했다. 감기 검진 외에 아이의 키와 몸무게 등 발육 상태를 확인하려면 영유아 검진을 따로 예약해야 된다고 하였다. 한국의 빠르고 편리한 검진 시스템은 분명 발달되어 있지만, 환자로서 느끼는 의사와의 교감과 만족도는 브라질이 더 높았다.

# 3. 육아용품

브라질로 발령 직전 첫째를 가지게 되었고, 육아 경험이 없었던 우리는 한국에서 브라질로 보내는 이삿짐 편에 육아용품을 제대로 보내지 못해 나중에 많은 후회를 했다. 이삿짐 컨테이너에 유모차와 카시트만 보냈다. 브라질은 위험하니깐 비싸고 큰 유모차는 범죄의 타깃이 될까 봐 일부러 작은 유모차를 사 왔는데, 참 어리석은 결정이었다. 브라질은 인도와 도로의 포장이 평평하지 못한 곳이 많기 때문에 바퀴가 큰 유모차가 더 유용한 곳이며, 유모차가 좋아 보인다고 범죄의 타깃이 되지도 않았다. 다행히 다음번에 브라질로 오는 동료의 컨테이너 이삿짐 편으로 육아용품을 한국에서 공수했기에 망정이지 눈물을 머금고 현지의 비싼 육아용품을 사야 할 뻔했다.

한국에서 파는 참신한 아이디어 상품은 없을지라도, 브라질에도 어지간한 육아용품은 다 있다. 한국에서도 많이 쓰는 Fisher price, Tiny Love 등 미국 유명 브랜드 제품들은 브라질에서도 많이 애용되고 있다. 다만, 가격이 한국의 3배다.

반드시 구매해야 되는 용품들도 있지만 잠시 대여해서 사용하는 것이 경제적인 것들도 있다. 브라질에서도 육아용품을 대여해주는 곳이 있다. 첫째가 태어나고 모유 전동 유축기를 사려고 알아봤다. 잠깐 2~3달 정도 사용하는 제품인데 가격이 1,000헤알이 넘었다. 지인의 소개로 육아용품 대여점을 갔더니 유축기를 한 달에 80헤알에 빌릴 수 있었다. 물론 개인 위생상 별도로 구매를 해야 하는 소모품이 추가로 약 40헤알이 들었지만, 3개월간 임대한 총액은 구매하는 것보다 1/3 수준밖에 되지 않았다.

중고용품을 사고팔 수도 있다. 첫째 딸아이의 옷, 신발을 남자 아이인 둘째가 입을 수 없는 것들이 많았다. 주변에도 딸아이를 출산한 사람이 없어 어떻게 해야 하나 고민을 하다가 중고 아기용품과 의류를 구매하는 매장을 찾게 되었다. 가격을 비싸게 쳐주지는 않는다. 그렇지만 버릴 바에는 조금의 돈이라도 받고 팔 수 있으니 이득이다. 인터넷에 유아 중고옷가게(Brechó Infantil) 검색을 하면 크고 괜찮은 중고용품점이 나온다. 전화를 해서 아기 물건을 팔고 싶다고 하면, 방문 예약 시간을 잡아준다. 소량은 잘 받아주지 않으며, 우리가 이용한 매장에서는 최소 수량이 40개였다. 재판매가 가능한 상태의 옷, 신발, 용품, 장난감 등 40개 이상을 가져가면 일주일 안에 물건들이 얼마에 책정되었는지 연락이 온다. 매장에서 제시한 가격이 마음에 들지 않을 경우 다시 물건을 회수하면 된다. 제시받은 가격이 마음에 들어 판매를 하면, 최종 판매 대금은 약 한 달 뒤에 받을 수 있다. 중고용품 매장에서 내가 판매한 제품을 소비자들에게 판매를 한 뒤 그 수익금을 나누어 가지는 개념이다. 보통 옷 40벌을 팔면 300헤알 정도를 받았다. 장난감이나 신발 같은 경우 물건의 상태나 브랜드에 따라서 비싸게 받을 수도 있다.

　신생아 용품 도매점에서 기저귀와 분유, 물티슈, 샴푸 등을 저렴하게 구매할 수 있다. 브라스 지역에 각종 물건의 도매상들이 많이 있는데, 육아용품과 장난감 도매상들도 많이 있다. 우리 부부도 브라스에 위치한 JN Fraldas(주소: R. Rio Bonito, 1682 - Pari, São Paulo)라는 도매상에서 기저기와 분유를 대량 구매하여 사용하였다. 분유의 경우 일반 마트와 비교해 한 통에 약 3천 원가량 저렴하다.

# 4. 유치원과 학교

 브라질의 학제는 초등 5년, 중등 4년, 고등 3년, 대학 4년으로 이루어져 있다. 공립교육 기관은 주로 저소득층의 아이가 다니며, 중·상층부터는 주로 사립 교육기관을 보낸다. 안타깝게도 유아 시절부터 교육의 질이 현저히 차이가 난다. 사립유치원은 기본 수업 이외에도 영어, 발레, 유도, 체험학습 등의 수업이 이루어지며, 카니발, 부활절, 핼러윈, 크리스마스 등 각종 축제 때 아이들을 위한 다양한 파티가 준비된다. 발레복과 유도복을 사야 하며, 각종 행사마다 준비물과 성격에 맞는 옷을 입혀 보내야 한다. 이런 부수적인 것들의 비용은 모두 학부모 부담이다. 브라질 중산층 학부모에게도 상당한 경제적 부담을 넘어 가랑이가 찢어질 수준이다. 그럼에도 불구하고 아이가 좋은 대학에 입학하고, 좋은 직장을 다니기 위해서는 사립학교에 다닐 수밖에 없다. 브라질 공립 초등학교 교사 20%가 대학을 졸업하지 않았고, 중학교 교사 중 35.4%가 교육학을 이수하지 않거나 교원자격증이 없는 수준이다. 좋은 사립학교에서 운영하는 유치원의 경우 초등학교 입학 시 추첨이나 별도의 면접 없이 자동으로 입학이 되기 때문에 유치원 때부터 비싼 곳을 보내게 되는 면도 있다.
 공립 유치원은 정부 지원금으로 운영이 돼서 사립 유치원만큼의 다양한 프로그램을 운영하기가 불가능하며, 저소득층의 부모들도 부가적인 수업과 준비물을 위한 금전적 지원이 여의치 않다. 교육보다는 주로 보육이 이루어진다. 결국 사립 유치원과 공립 유치원에 다닌 아이들의 성장발달 과정, 생각하는 깊이, 시야 등의 차이가 발생하게 된다.

우리 아이들도 동네의 작은 현지인 유치원을 다녔음에도 불구하고 한 명당 월 100만 원 이상 들었다. 주변 지인들에게 유치원 비용을 말하면 영어 유치원이거나 시설이 좋은 곳이 아니냐고 말한다. 처음 우리도 영어 유치원을 보내볼까 하는 욕심에 가격을 알아봤었다. 그나마 싼 곳이 다른 유치원에 절반밖에 안 되는 하루 4시간 수업에 가격은 약 120만 원 수준이었다. 봉헤치루 한인 타운에 있는 한국 유치원은 60~70만 원 수준으로 상대적으로 저렴하나 통학버스 운행이 되지 않는다. 그러나 일주일에 3일 이상 한식이 제공되고 수업의 70% 이상을 한국 선생님과 한국어로 진행되는 장점이 있다.

한국 학부모들은 방학 때도 학비를 내는 것에 당황해한다. 브라질의 학비 계산은 한국과 차이가 있다. 한국은 학기 중에만 돈을 내고 방학 기간에는 학비를 내지 않지만, 브라질은 연간 학비를 12달로 나누어서 내는 개념이기 때문에 방학과 관계없이 매달 학비를 낸다. 보통 여름방학은 한 달 반, 겨울방학은 한 달이다. 유치원이나 초등학교의 경우 방학 동안 계절 학기를 들을 수 있다. 이 경우, 원래 내야 하는 한 달 학비와 더불어 계절학기 학비를 추가로 내야 한다. 학비를 거의 2배로 내야 하는 것이다. 방학기간 동안 아이를 집에만 있게 할 수는 없으니 학원이나 스포츠 센터 등을 보내야 하는데, 그 비용이나 아이가 집에 있어야 하는 것을 고려하면 결국 계절 학기를 듣게 된다. 연간 학비를 계산할 때 방학기간에 추가로 돈을 내야 하는 부분도 고려해야 한다.

대부분의 주재원이 자녀들을 국제학교에 보낸다. 회사의 교육비 지원, 학교 시설, 영어 교육에 유리한 환경 등의 이유도 있지만, 현지의 수준 높고 저명한 사립학교에 입학하기 어려운 사정도 있다. 주재원 자녀는 보무의 발령에 따라 입학 시기가 결정되기 때문에 새 학기 시작 일에 맞춰 입학하지 못하는 경우가 많다. 국제 학교의 경우 외국인에게 입학 우선권이 있으며, 내국인 비율을 조정하고 있다. 학기 중간에라도 자리만 있으면 언제든 입학이 가능하며, 입학 전 사전 답사도 자유롭게 가능하다. 반면 시설이 좋은 사립학교의 경우 현지인 자녀들의 입학 대기 리스트도 상당하며, 학교 투어도 새 학기 시작 전 특정 기간에만 허용되는 경우가 많다.

국제학교가 유명 사립학교에 비해 입학 문턱이 낮지만 시기에 따라 입학 가능한 자리가 없을 때도 있다. 따라서 자녀를 국제학교에 보낼 계획이 있다면 브라질 입국 전 한국에서부터 미리 학교에 연락을 취하는 것이 좋다. 이메일로 몇 살의 아이가 언제부터 학교에 다니기를 희망한다고 연락해서 자리가 있는지 알아보고, 입학원서를 제출해 자리를 확보해야 한다. 브라질에 도착 후 학교를 알아보다 운이 나쁘면 자리가 없어 국제학교에 들어가지 못하고, 괜찮은 사립학교에도 들어가지 못하는 상황이 생길 수 있다. 다음은 상파울루의 주요 국제학교 정보이다.

## 1) Graded international school - (http://www.graded.br)

Graded international school은 중남미에서 최고 수준의 국제학교로 알려져 있다. 외국인 가족 자녀에게 입학 우선권이 주어진다. 아이가 브라질에서 태어나 브라질 국적을 가지고 있더라도 부모의 국적이 외국이면 국제가족으로 인정이 된다. 학생 정원의 60%는 국제가족 출신, 40%는 브라질 내국인 학생들로 구성된다. 국제가족 출신의 학생은 학기 중에라도 입학이 가능하다. 그러나 브라질 학생은 정해진 입학 신청 기간에 입학원서를 넣어야 하며, 학기 시작 시점에 맞추어 입학이 가능하다. 교육 커리큘럼이나 학교 운영, 각종 행사는 미국식으로 진행되며, 어떤 종교적 이념도 개입되어 있지 않다. 3~5살 아이들은 유치원, 6~11살은 초등과정, 12~13살까지는 중학과정, 그리고 14~17살까지 고등과정으로 구성된다. 학기는 9월부터 1학기를 시작한다.

입학을 위해서는 간단한 인터뷰를 봐야 한다. 유치원생과 저학년은 영어를 유창하게 잘하지 못하더라도 자리만 있으면 들어

갈 수 있다. 하지만 고학년은 수업을 따라올 수 있을 정도의 영어 실력이 있어야 입학을 할 수 있다. 이 학교는 입학하려면 기부금을 내야 하는데, 2019년 기준으로 9만 헤알을 내야 한다. 학비는 상파울루 내 다른 국제학교와 비교했을 때 높은 편이다.

• 학년별 학비 •

| 구분 | 학년, 나이 | 월 학비 |
|---|---|---|
| Pre-Primary Half Day Program<br>(유치부 반나절수업) | 3세~4세 | R$ 7,402.00 |
| Pre-Primary Full Day Program<br>(유치부 종일반수업) | 5세 | R$ 7,402.00 |
| Lower School<br>(초) | 1~5학년 | R$ 7,402.00 |
| Middle School<br>(중) | 6~8학년 | R$ 9,097.00 |
| High School<br>(고) | 9~12학년 | R$ 9,218.00 |
| Capital Fund Donation<br>(기부금) | 전원 | R$ 90,000.00 |
| Application Fee<br>(신청비) | 전원 | R$ 1,000.00 |

## 2) The British College of Brazil – (https://www.nor-dangliaeducation.com)

British College of Brazil 학교는 영국계 국제학교라서 모든 커리큘럼과 행사를 영국식으로 한다. 선생님들도 모두 영국인들로 구성되어 있다. 이 학교는 2개의 캠퍼스가 있고, Cidade Jargim에 있는 캠퍼스는 3살부터 10살까지 반이 있고, Chácara Flor에 있는 캠퍼스는 3살부터 15살까지 반이 있다. 다른 국제학교들에 비해서 규모가 작고, 고학년 커리큘럼이 없어 학생 수도 적은 편이다. 이 학교는 전 세계 여러 나라에 연동된 학교들이 많아서 학생이 중간에 다른 나라로 이사를 가더라도 연결된 학교로 쉽게 전학을 갈 수 있다. 다만 한국인 담당자가 별도로 있을 정도로 한국 학생이 많은 편이다.

초등학교부터 영어를 하지 못하는 아이는 돈을 더 지불하고 ESL 과정을 거쳐야 한다. ESL 과정이 필요한지의 판단은 담임 선생님이 결정한다. 기초영어 수업이 필요한 아이들은 다른 아이들이 토론 수업에 참여하고 있을 동안에 ESL 수업을 들어야 한다. 시기에 따라 차이가 있지만 보통 한 반에 한국 학생이 4~6명 정도 있다. 방과 후 수업에는 아이가 원하는 수업을 선택해서 진행할 수 있고, 무료인 수업과 유로인 수업이 있다. 레고 놀이 수업, 포르투갈어로 하는 드라마 수업 등은 돈을 내지 않고 참여할 수 있다. 반면, 발레, 악기를 배우는 수업의 경우 돈을 추가로 지불해야 한다.

<학년별 학비>

| 구분 | 학년, 나이 | 월 학비 |
|---|---|---|
| Pre-Nursery/<br>Nursery Half - Day<br>(유치부 반나절수업) | 2세~4세 | R$ 4,801.00 |
| Pre-Nursery/Nursery<br>Full - Day<br>(유치부 종일반수업) | 2세~4세 | R$ 5,796.00 |
| Reception & Years 1~5 | 4세~9세 | R$ 6,577.00 |
| Year 6~11 | 10세~15세 | R$ 7,623.00 |
| Enrolment Fee<br>(입학금) | Per Family<br>(한가족 당) | R$ 10,000.00 |
| Application Fee<br>(신청비) | | R$ 500.00 |

# 3) Chapel School – (http://chapelschool.com)

이 학교는 가톨릭 학교이다. 커리큘럼에 가톨릭 수업이 필수 과목으로 포함되어 있다. 가톨릭 수업이라고 해서 성경을 읽는다 거나, 기도를 하는 것이 아니라 도덕과 윤리를 중심으로 수업이 진행된다. 다른 학교와 비교해 학교 운동장과 시설의 규모가 크다. 모든 커리큘럼과 행사는 미국식을 따르며, 학기는 9월부터 1 학기가 시작된다. 3살부터 18살까지 다닐 수 있고. 3~5살이 유치원, 6~11살까지가 초등학교, 12~18살까지가 고등학교로 나누어져 있다. 입학을 위해서는 시험과 인터뷰를 봐야 하는데, 5살까지는 영어를 잘하지 못해도 인원수에 따라서 받아주지만, 6살부터는 영어를 못 하면 입학이 어렵다. 학교에 별도의 ESL 수업은 없다. 2019년 기준 60%는 브라질 학생들이고, 40%는 외국인 학생이다. 한 학년에 한국 학생 4~6명이 재학 중이다.

| 구분 | 학년, 나이 | 월 학비 |
|---|---|---|
| Pre 1 to 6th grade | 4세~6학년 | R$ 7,353.00 |
| 7th to 12th grade | 7학년~12학년 | R$ 8,340.00 |
| Annual Enrollment Fee (First Year) Pre 1 to 6th grade | 4세~6학년 | R$ 7,353.00 |
| Annual Enrollment Fee (First Year) 7th to 12th grade | 7학년~12학년 | R$ 8,340.00 |
| Annual Enrollment Fee (Second Year) | All | R$ 4,110.00 |

## 4) Avenues International School - (www.avenues.org/en/sp)

2018년 9월 상파울루에 설립된 신설 학교다. 학교 건물과 시설은 신설 학교답게 가장 우수하다. 본교는 미국 뉴욕에 있으나, 브라질 학교의 제도나 커리큘럼은 본교의 시스템을 따르지 않고 현지 교육 전문가의 컨설팅에 따라 구성이 되어있다. 만 3세부터 12학년까지 학년이 구성되어 있으며, 한 반에 19~24명의 학생을 받는다. 입학을 위해서는 기본적으로 영어가 가능해야 한다. 다만, 초등학교 1학년까지는 영어가 원활하지 못해도 입학이 가능하다. 입학 인터뷰는 유치부의 경우 그룹 미팅 및 개별 인터뷰를 거치고, 초등학교부터는 시험을 쳐야 한다. 입학 후 영어가 부족

한 경우 ESL 수업을 들어야 한다. 경우에 따라 다른 수업을 빠지고 ESL 수업을 참여하거나, 방과 후에 ESL 수업이 진행된다.

학비는 연간 13만 헤알 수준으로 타 국제학교에 비해 비싸지만, 학비에 교재비, 준비물비, 간식비, 점심비, 견학비 등이 포함이 되어있어 별도의 추가 비용이 다른 학교에 비해 적게 발생한다. 통학 차량, 교복, 방과 후 수업은 별도로 비용을 내야 한다. 또한 학생에게 수업을 위한 아이패드가 제공되며, 4년에 한 번 새 기계로 바꿔준다. 또 다른 차이점은 내외국인 제한이다. 대부분의 국제학교는 브라질 학생 수 쿼터를 두고 있지만, 이 학교는 브라질 학생 수 제한을 두지 않고 있다. 2019년 기준 70%의 브라질 학생과 30% 외국인 학생으로 구성되어 있다.

## ※ 학교 준비물

Papel para desenho: 스케치북
Papel colorido: 색지
Papel sulfite: A4용지(컴퓨터용지, 복사지)
Papel vegetal: 기름종이
Lápis de cor: 색연필
Caneta hidrográfica: 수성 싸인펜
Giz de cera: 크레파스
Caneta permanente: 유성펜(네임펜)
Massa de modelar: 지점토(찰흙)
Kit aquarela em pastilha: 고체 수체화물감
Cola em bastão: 딱풀(스틱형)
Cola líquida branca não tóxica: 물풀(무독성)
Rolinho para pintura: 물감 롤러
Tela para pintura: 그림 캔버스
Tesoura sem ponto: 끝이 뭉퉁한 가위

## ※ 학교 교복

Baby look manga curta: 몸에 붙는 반팔 티셔츠
Camiseta manga curta: 반팔 티셔츠
Regata machão: 민소매 남성용
Short saia tactel: 탁텔 소재의 치마바지
Baby look manga longa: 몸에 붙는 긴팔 티셔츠
Camiseta manga longa: 긴팔 티셔츠
Calça malha: 메쉬소재의 바지
Calça bailarina: 나팔바지
Calça de tactel sem forro: 얇은 비닐바지
Calça de tactel forrada: 안감이 있는 두꺼운 비닐바지
Blusão inverno: 겨울 윗도리
Blusa de moletom com zíper e capuz: 지퍼달린 후드티
Blusa de moletom: 맨투맨 티
Calça de moletom: 트레이닝복 바지
Collant com saia: 발레복
Kimono branco: 유도복

# 5. 포르투갈어 교육 기관

브라질의 공식 언어는 포르투갈어다. 포르투갈어는 포르투갈, 브라질, 앙골라, 모잠비크 등에서 2억 6천만 명 이상이 사용하고 있으며, 세계에서 여섯 번째로 많이 사용되는 언어다. 그러나 한국인에게는 매우 낯선 것이 사실이다. 전공자를 제외하고, 대부분 브라질로 오는 사람들은 언어로 인한 어려움을 겪는다. 브라질 언론 EXAME에 따르면 브라질 인구 중 영어로 업무가 가능한 인구는 3%밖에 되지 않는다고 한다. 일상생활에서는 영어로 생활이 불가능한 수준이다. 일부 주재원 및 그 가족의 경우 파견 전 한국에서 포르투갈어 수업을 듣고 오는 경우가 있다. 간단한 표현이라도 배우고 오는 것이 생존하는 데 많은 도움이 된다.

현지에서도 포르투갈어 수업을 들을 수 있다. Mackenzie와 FAAP 등의 대학교에서 어학당 수업을 운영하기도 하며, 시내 곳곳의 포르투갈어 학원에서 외국인을 위한 수업을 운영하고 있다. 또한 'GET NINJAS'와 같은 애플리케이션과 www.super-prof.com.br라는 사이트를 통해 개인 과외를 해주는 선생님을 찾을 수 있다. 과외의 경우 강사의 경력에 따라 시간당 60~100헤알 수준이다.

미취학 어린이의 경우 구몬학습을 통한 학습지 수업을 받을 수 있다. 다만 구몬학습에서는 일상생활에서 사용하는 포르투갈어보다는 브라질 전래동화 등을 이용한 읽기, 쓰기, 발음 교정을 더 중점적으로 한다. 아이가 유치원을 다니는 경우 유치원에서 투잡을 뛰는 선생님을 섭외하는 방법이 있다. 브라질 유치원은 한 반에 선생님 한 명과 보조 선생님 한두 명으로 구성되는데, 보조 선생님 중에서 개인적으로 오후 3~5시에 퇴근 후 아이를 돌보는 일을 부업으로 하는 경우가 많다. 정식 선생님은 아니지만 유치원 근무 경력이 있기 때문에 아이들을 잘 보살핀다. 평소 아이와 소통이 잘 되거나 부모의 마음에 드는 보조 선생님이 있다면 유치원 퇴근 후 우리 아이를 개인적으로 돌봐줄 수 있는지 물어보면 된다. 정식 교육은 아니더라도, 아이가 포르투갈어 환경에 좀 더 노출될 수 있으며, 유치원에서도 보다 쉽게 적응을 할 수 있는 장점이 있다.

|구몬 학습소

# 6. 특별활동

　브라질 아이들은 건강하게 자란다. 학년에 상관없이 수업이 7시쯤 시작되어 12시에 종료된다. 국제학교 등 일부 학교에서는 3시에 끝나는 경우가 있다. 방과 후 여유 시간이 많지만, 수학, 영어 학원을 가지 않는다. 아파트 단지에서 밤늦게까지 마음껏 소리 지르고 뛰어다니며 노는 아이들이 많다. 방과 후 별도 수업을 받더라도 교과목 수업이 아닌 주로 예체능 수업에 참여한다.

　기본적으로 유치원에서부터 여자아이는 발레, 남자아이는 유도를 배운다. 쇼핑에 위치한 Cia Athletica 등의 체육관에서는 매일 다양한 스포츠를 배울 수 있는 수업 프로그램이 있다. 요일별로 수영, 체조, 헬스와 브라질 전통 무술인 까포에이라 등을 배울 수 있다. 3, 6, 12개월 단위로 수강 신청을 할 수 있다. 스포츠를 싫어하는 아이들은 음악이나 미술을 놀이처럼 가르쳐주는 학원을 가기도 한다. 이러한 방과 후 수업이 있는 곳은 대부분 빌라 올림피아, 모에마, 모룸비 등 소득 수준이 높은 지역에 많이 있다.

　만 1~2살 유아를 위한 수업도 있다. 첫째가 돌이 되었을 무렵 신체 발달 교육으로 어떤 프로그램이 있는지 찾아봤었다. 아쉽게도 브라질에는 문화센터나 한국식 키즈카페가 없다. 쇼핑에 실내 놀이터가 있기는 하나, 만 2세 이상부터 입장이 가능하다. 아파트의 또래 아이 부모가 추천해준 곳이 'My Gym'과 수영장 이었다. My Gym은 미국에서 만들어진 프랜차이즈 어린이 체육 관이다. 각종 놀이 기구를 통해 온몸으로 놀 수 있도록 수업이 구성되며, 부모가 함께 참여한다. 주로 평일에는 엄마나 보모가 함께 수업에 참여하며, 토요일 수업에는 아빠들의 수업 참여율 이 높다. 가격은 3개월간 주 2회 수업에 1,740헤알이다. 많은 수 영장에서 유아부터 어린이까지 연령대별 수업을 구성하고 있다. 한 살도 채 안 된 아기도 수업을 듣기도 한다. 유아의 경우 부모 가 같이 참여해야 하며, 수영 스킬을 배우기보다는 물에 대한 두 려움을 없애 주거나 신체를 발달시킬 수 있는 놀이를 한다. 유아 때부터 수업을 들은 아이들은 만 3~4살만 되어도 혼자서 수영 을 한다. 가격은 1개월(주 2회 수업)에 350헤알이다.

|My Gym

|수영장 영유아 수업

# 7. 아이들과 함께하는 축제

또 파티야? 파티나 축제 문화에 익숙하지 않은 우리 부부는 아이들의 유치원 알림장에 파티를 준비해달라는 내용이 있을 때마다 적잖이 당황스러웠다. 카니발, 부활절, 어린이날, 스승의 날, 핼러윈, 크리스마스, 생일 파티 등 최소 매달 한 번씩은 파티를 하는 것 같다. 아이들과 파티를 준비하는 것이 힘들 때도 있지만, 때로는 부모도 아이들만큼 신나게 즐길 수 있다.

2~3월에는 카니발을 즐긴다. 선생님들과 학생들이 노래를 틀고 북을 치며 종이 가루(Confetti)를 날리면서 온종일 먹고 즐긴다. 아이들은 각자가 좋아하는 코스튬을 입고 등교를 한다. 의상만 보면 핼러윈이랑 뭐가 다르지? 하는 생각도 들지만, 신나는 음악과 분위기 속에서 행사가 진행된다. 유치원과 학교 외에도 동네 곳곳에서 열리는 크고 작은 이벤트를 즐기는 카니발 축제야말로 한 해를 힘차게 시작할 수 있는 힘을 주는 것 같다. 부활절에는 종교와 관계없이 가족이나 친구끼리 달걀이나 토끼 모양의 초콜릿을 주고받는다. 대부분의 학부모는 학교 선생님들과 학교 관계자들에게 초콜릿을 선물한다.

6월이 되면 종교적 축제이자 민속 축제인 페스타 주니나(Festa Junina)가 열린다. 6월은 한 해 동안 농사지은 수확물을 거두는 시기이며, 6월 24일은 가톨릭의 성 요한을 기리는 축일이다. 따라서 페스타 주니나는 추수감사와 성 요한을 기리는 축제가 결합된 축제다. 성 요한 기념 축일 전날인 6월 23일 밤에 모닥불과 폭죽을 터뜨리는 전통이 있다. 최근에는 안전상의 문제로 모닥불을 피우진 않으며, 축제는 거의 6월 내내 진행된다. 브라질 지역마다 축제를 즐기는 방식이나, 음악, 춤이 조금씩 다르나, 보통 까이삐라(Caipira)라고 하는 시골 농사꾼 복장을 한다. 남자는 밀짚모자에 청바지, 체크무늬 셔츠를 입으며, 여자는 헝겊이나 식탁보 같은 천으로 만든 꽃무늬 드레스에 양 갈래머리를 하고, 주근깨를 얼굴에 그린다. 포호(Forró)라는 포크풍의 음악에 맞춰 꽈드릴랴(Quadrilha)라는 춤을 추며 옥수수와 땅콩 등으로 만든 음식을 즐긴다. 학교에서 지정한 페스타 주니나 축제일에는 아이들도 학교에 까이삐라 복장을 하고 등교를 한다. 전통 음식을 먹고 춤을 추기도 하며, 박 터트리기, 모닥불 뛰어넘기 등의 게임과 '촌놈의 결혼식(Casamento Caipira)'이라는 연극을 한다.

|페스타 주니나 학교 행사

　브라질의 어린이날은 10월 12일이다. 어린이날이 있는 주말에는 유치원이나 학교에서 피크닉 모임이나 작은 행사를 진행한다. 이런 행사를 통해 아이 친구의 부모를 만나게 되는데, 이런 네트워킹은 매우 중요하다. 각종 육아 정보를 공유하기도 하며, 대부분 반마다 학부모 WhatsApp 메신저 방이 있는데 친분이 없으면 메신저에 초대받지 못하는 경우도 있다. 보통 메신저를 통해 학교에 대한 건의사항을 논의하고, 스승의 날 등 학교에 선물을 줘야 하는 경우 단체로 돈을 모아서 할지 개별적으로 할지 결정

한다. 참고로 브라질에는 아직 김영란법과 같은 청탁금지법이 없다. 스승의 날에 선생님들께 개별적으로 선물을 준비할 경우 부담이 크다. 한 반에 여러 명의 선생님과 보조 선생님이 계신 경우 선물을 5~6개씩 준비해야 하기 때문이다. 일부 유치원이나 학교에서는 선생님들께 선물을 주는 것을 금지하는 곳도 있다.

아이들이 가장 좋아하는 파티 중 하나는 핼러윈 파티다. 좋아하는 사람이나 캐릭터의 분장을 하고 저녁에 집마다 돌아다니면서 사탕을 받아먹는다. 일부 유치원이나 학교에서는 몸에 해로운 사탕이나 초콜릿 대신 건포도나 땅콩, 젤라틴 등 건강한 음식을 나누어 먹기도 한다. 단지형 아파트의 경우 자체적으로 핼러윈 파티를 진행하기도 한다. 오리엔테이션 강사를 초청해 아이들과 함께 아파트를 돌며 사탕을 받는다. 미국이나 캐나다같이 모두가 핼러윈을 즐기지는 않기 때문에, 대문에 핼러윈 스티커나 팻말을 걸어놓은 집들만 아이들이 방문한다.

크리스마스에는 일 년간 아이들을 위해 애쓰신 분들께 감사를 표현하기 위해, 학부모들이 학교 선생님과 관계자들의 선물을 준비한다. 급식소에서 일하시는 분들과 청소해주시는 분들, 경비원까지 모든 학교 관계자에게 작은 선물을 한다. 학부모들끼리 돈을 모아 좋은 물건을 선물하거나, 개인적으로 빠네또니(Panetone)라는 빵을 주기로 한다.

다양한 파티가 있지만 아이들이 가장 좋아하는 날은 생일인 것 같다. 유치원이나 초등학교 저학년들은 학교에서 아이들의 생일 파티를 해준다. 보통 주 단위로 생일인 아이들을 모아 한 번에 같이 축하 파티를 연다. 파티는 간식 시간이나 쉬는 시간에 짧게 진행된다. 생일파티 전 생일인 아이는 친구들에게 초대장을 돌린다. 생일 파티 당일 학부모는 생일파티 장소를 간단하게 꾸며주고, 아이들이 먹을 케이크와 간식을 준비해야 한다. 고학년의 경우 학교에서 생일파티를 하지 않고, 방과 후나 주말에 집이나 파티룸(Salão de festa)을 대여하여 생일파티를 한다. 브라질에서 생일파티를 열 때는 꼭 답례품(Lembrancinha)을 준비해야 한다. 아이들이 좋아하는 사탕이나 작은 장난감 등을 준비해서 생일파티에 참석하는 아이의 친구들에게 주는 것이 이곳 문화다. 답례품을 전문적으로 취급하는 사이트도 있기 때문에 쉽게 준비를 할 수 있다.

가장 크고 성대하게 하는 생일 파티는 15살 여자아이의 생일 파티다. 브라질에서는 소녀가 15살이 되면 여성으로서 결혼할 수 있는 나이가 되었다고 생각하여, 일종의 성인식처럼 축하해준다. 부유층 사람들은 크고 멋진 파티룸에서 파티 플래너를 동원하여 파티를 준비하고 친인척과 친구들을 초대한다. 모두 턱시도와 이브닝드레스를 입고 파티에 참석해야 한다. 주인공 소녀는 파티가 시작할 때는 발랄하고 심플한 드레스를 입고 파티를 즐기다가 자정이 되는 시간에 화려하고 멋진 드레스로 옷을 갈아입는다. 그리고는 무대에서 아버지와 왈츠를 춘다. 소녀에서 여인으로 성숙해졌다는 의미를 가지고 있다. 주인공이 친구들이나 가족끼리 춤을 미리 연습해서 관객들에게 화려한 공연을 하는 경우도 있고, 부모님이 편지 낭독을 하거나, 구두를 갈아 신겨주는 이벤트를 하는 경우도 있다. 요즘 아이들은 15세 파티를 생략하고 그 돈으로 여행을 떠나기도 한다.

# 8. 상파울루 인근 아이들과 갈만한 곳

## 1) Mini Farm Pet Zoo

○ **위치:** Estrada de Caucaia do Alto, 4101-Tijuco Preto, Vargem Grande Paulista

○ **사이트:** www.petzoo.com.br

○ 어린이를 위한 동물 체험 농장이다. 소, 양, 염소, 토기, 오리 등 다양한 동물에게 직접 먹이를 주고 만져볼 수도 있다. 포르투갈어로 진행되는 가이드 투어가 포함되어 있다. 농장 내 식당이 있어 점심을 즐길 수 있으며, 동물농장 외에도 놀이터 시설이 갖추어져 있다.

## 2) T-Rex Park Campinas

○ **위치:** Shopping Parque Dom Pedro(Av. Guilherme Campos, 500 - Jardim Santa Genebra, Campinas

○ **사이트:** www.t-rexpark.com.br

○ 공룡을 테마로 하는 놀이공원이다. 규모가 크진 않으나 약

열다섯 가지의 놀이기구가 있으며, 곳곳에 크고 작은 공룡
모형이 있어 아이들이 흥미롭게 놀 수 있다.


## 3) Tozan Farm in Brazil

○ **위치**: Rod. Campinas-Mogi Mirim, 121,5-Bosque das
Palmeiras, Campinas
○ **사이트**: www.fazendatozan.com.br
○ 커피농장 투어 프로그램이 있다. 커피나무, 선별 시설 등을 포
르투갈어/일본어 가이드가 소개해주며, 더불어 과거 커피농장
노예들이 거주했던 집이 아직 남아 있어 노예들의 삶을 엿볼
수 있다.


## 4) Itamambuca Eco Resort

○ **위치**: R. Manoel Soares da Silva, 755, Ubatuba
○ **사이트**: www.itamambuca.com.br
○ 우바투바(Ubatuba)에 위치한 리조트로 강과 바다가 만나는
지점에 위치하고 있다. 강 깊이가 얕아서 어린아이가 놀기에
좋고, 아이들을 위한 다양한 프로그램이 운영되고 있다. 리조

트 내에 별도의 캠핑장이 구성되어 장비를 가져올 경우 캠핑을 즐길 수도 있다.

## 5) Aquário de São Paulo

○ **위치**: R. Huet Bacelar, 407-Vila São José, São Paulo
○ **사이트**: www.aquariodesp.com.br
○ 각종 어류와 더불어 악어, 북극곰, 펭귄, 거북이, 뱀 등 다양한 동물을 볼 수 있는 수족관이다.

## 6) Neo Geo Family

○ **위치**: Internacional Shopping Guarulhos
○ **사이트**: www.neogeo.com.br/internacional
○ 대형 실내 놀이공원으로 바이킹 등 다양한 놀이기구를 즐길 수 있다. 쇼핑 푸드코트와 붙어 있어 식사 해결이 용이하다.

## 7) SESC 브라질 문화원

- **위치**: Av. Paulista, 119 - Bela Vista, São Paulo
- **사이트**: www.sesc.com.br
- 지점마다 장난감과 놀이기구가 있어 아이들이 놀 수 있는 공간이 있다. 놀이방 외에도 시즌마다 진행하는 다양한 프로그램이 있으며, 전시회나 공연도 개최된다.

## 8) Wet'n Wild

- **위치**: Rodovia dos Bandeirantes, Km 72, s/n - Zona Rural, Itupeva
- **사이트**: www.wetnwild.com.br
- 상파울루에서 캄피나스시로 가는 고속도로에 있는 워터파크다. 바로 근처에 놀이동산과 아웃렛 매장이도 있다.

## 9) São Paulo Zoo

- **위치**: Av. Miguel Estéfno, 4241-Vila Santo Estefano, São Paulo

○ **사이트**: www.zoologico.com.br

○ 약 3천 마리의 동물이 있는 상파울루 대표 동물원이다.

## 10) Speedland - Kart Center

○ **위치**: R. Ulisses Cruz, 275 - Tatuapé, São Paulo

○ **사이트**: http://speedland.com.br

○ 카트라이더 레이싱 경기장이다. 어른부터 초등학생까지 이용 가능하며, 어린아이들의 생일 파티도 많이 열린다.

## 11) Trout farming of Cachoeirinha

○ **위치**: Av. Um, 80-Parque ferradura, Campos do Jordão

○ **사이트**: https://truticultura-da-cachoeirinha.negocio.site

○ 캄푸스 두 조르다웅(Campos do Jordão)에 위치한 송어 낚시터다. 어린이들도 낚시를 즐길 수 있으며, 잡은 송어로 요리를 해 준다.

## 12) Parque da Mônica

○ **위치**: Av. das Nações Unidas, 22540 - Jurubatuba, São Paulo
○ **사이트**: http://parquedamonica.com.br
○ 브라질에서 가장 유명한 어린이 만화 캐릭터인 모니카(Mônica)를 테마로 한 실내 놀이동산이다.

## 13) Parque Dom Pedro Museu Catavento

○ **위치**: Av. Mercúrio, s/n, Parque dom Pedro II, Brás, São Paulo
○ **사이트**: http://www.cataventocultural.org.br
○ 과학과 관련된 전시회와 다양한 체험 시설이 구비되어 있으며, 기차와 비행기, 동식물 박제도 전시되어 있다.

*Part 5*

# 브라질 사회 이해하기

# 1. 브라질 커뮤니티

　　브라질 사람들의 긍정적인 모습을 생활 속에서 느낄 수 있다. 새로 지어진 아파트일수록 층간 소음 처리가 잘 되어 있지 않아 생활 소음이 한국보다 심하다. 하지만 아이들로 인한 층간 소음으로 발생하는 이웃 간 마찰은 별로 없다. 우리 부부의 두 연년생 아이들도 본능적으로 집안에서 뛰어다니며 놀았다. 그때마다 층간소음이 걱정되어 아이들에게 뛰지 못하도록 교육하였다. 그럼에도 불구하고 엘리베이터에서 아래층 사람들을 만나면 항상 죄인이 되어 "많이 시끄럽지? 미안해."라고 하였다. 아랫집 사람들은 항상 웃으며 애들은 원래 뛰어다니는 거라며 괜찮다고 말했다. 처음에는 예의상 괜찮다고 하는 것이라 생각했으나, 시간이 지날수록 진심임을 느낄 수 있었다. 우리 위층도 아이들이 있는 집이었는데, 밤늦게까지 뛰어다니는 소리가 들렸다. 하지만 우리 부부는 이 소음에 전혀 스트레스를 받지 않았다. 아이들은 원래 뛰면서 자라는 거니깐. 어느새 우리 부부도 브라질 사람들의 넓은 이해심과 아이들을 배려하고 이해하는 법을 배우고 있었다. 집안에서 뛰어노는 아이들을 제지하거나 혼내지 않게 되니 육아에 대한 스트레스도 덜하게 되고 아이들도 더 밝게 자라게 되었다. 브라질 아이들은 어려서부터 감정을 자유롭게 표현하는 데 익숙해 보인다. 브라질의 행복지수는 세계 23위로 80위인 한국과 비교해 월등히 높다. 행복이 별건가? 기쁘거나 즐거운 감정을 마음껏 표현할 수 있는 것이 행복의 가장 기본이 아닐까? 브라질 사람들이 왜 행복하게 사는지 생활 속에 그 답이 있었다.

아이들 층간 소음에는 관대하지만, 아파트 커뮤니티 내 규율은 엄격하다. 규모가 큰 아파트의 경우, 아파트 주민 대표가 투표로 선출된다. 주민 대표는 아파트의 크고 작은 유지 보수, 시설관리뿐만 아니라 커뮤니티 질서를 유지하는 보안관 역할을 한다. 아파트 내부 규칙에 어긋나는 행동을 할 경우 벌금을 부과하기도 하며, 다른 주민에게 피해가 가는 행동을 할 경우 경고 혹은 시정을 요구하기도 한다. 주민들은 이웃끼리 불편한 문제가 발생했을 시 서로 얼굴을 붉히거나 민망하게 대면할 필요 없이 주민대표나 관리사무소에 얘기하면 상대방에게 자신의 불편 사항을 전달해준다. 신고자가 누구인지 비밀 유지가 되기 때문에 원만하게 불편 사항이 해결된다.

우리 부부도 두 번의 시정 명령을 받았다. 첫 번째는 베란다에 빨래를 널지 말라는 것이었다. 문화적 충격이었다. 도대체 빨래를 어디다 널라는 것인가? 햇볕이 잘 들지 않는 다용도실에서 널어야 한다고 하였다. 빨래는 자고로 통풍이 잘되고 햇빛이 잘 드는 곳에서 뽀송뽀송하게 말려야 하는 한국인에게는 이해하기 어려운 문화였다. 베란다에 빨래가 널려 있으면 바깥에서 볼 때 아파트 외관 이미지가 나빠지기 때문이라고 하였다. 이후 아파트 이웃 주민들과 친해진 뒤 시정 명령을 받은 스토리를 전해주며 너희들은 빨래를 어떻게 말리냐고 질문을 했다. 대부분 웃으며 외부에서는 보이지 않는 높이가 낮은 건조대로 몰래 베란다에서 빨래를 말린다는 것이었다. 허탈하면서도 한편으로는 주민들과 비밀을 공유하게 되어 알 수 없는 친밀감을 쌓을 수 있었다.

두 번째는 방충망 사건이다. 첫째가 태어난 2016년은 브라질에 지카 바이러스가 유행했다. 브라질에는 방충망을 설치한 집이 거의 없다. 대신 베란다가 통유리로 된 집들이 많다. 우리 집은 베란다에 유리 시설이 없었다. 지카 바이러스 노파심에 한국보다 몇 배가 비싼 비용을 들여 방충망을 설치하였다. 그런데 며칠 뒤 주민 대표가 우리 집을 오겠다고 전화가 왔다. 이유는 방충망이 창문 바깥쪽에 설치되어 있기 때문에 떨어질 경우 위험할 수 있으며, 까만 방충망이 아파트 외관을 해치기 때문에 규정에 의거 철거하라는 것이었다. 비싼 돈을 들여 설치한 방충망을 철거하라니……. 처음에는 빨래에 이어 방충망까지 지적하는 것에 화가 나 우리가 외국인이라 차별을 하는 건가라는 생각까지 했었다. 결국 비용을 들여 방충망을 창문 안쪽으로 다시 설치하는 공사를 하였다. 우리는 주거 환경과 규율, 현지 문화를 이해하지 못해 빨래 건조대도 다시 사야 했고, 방충망 설치 공사를 두 번이나 하게 되었지만, 이런 수업료를 내며 브라질 커뮤니티에 진입하고 한 걸음씩 가깝게 어울려 살아가게 되었다.

# 2. 브라질 사람과 친해지기

브라질 사람들은 밝고 친절하다. 모르는 사람들과도 길거리나 엘리베이터 안에서 자연스럽게 인사하며, 윙크 등의 눈인사나 베이주(Beijo)라 불리는 볼 키스를 자연스럽게 한다. 비즈니스 미팅에서 처음 만나 사이끼리도 볼 키스를 한다. 따라서 이웃집 여자가 볼 키스를 하고 윙크를 해도 당황하거나 착각해서는 더욱 안 된다. 그냥 인사다. 한국인은 이런 종류의 인사에 익숙하지 않아 대부분 멋쩍게 웃으며 어쩔 줄 몰라 하거나 심한 경우 회피를 하는 경우도 있다. 브라질 커뮤니티에 환영받기 위해 가장 기본적인 것은 웃으며 인사하고 스킨십하는 것이다.

브라질 사람들은 놀라울 정도로 이름을 잘 외운다. 처음에는 우리가 외국인이라 우리의 이름을 잘 외우나 보다 생각했으나, 브라질 사람들끼리 처음 만나도 금방 이름을 외우는 것에 놀라웠다. 브라질은 위아래, 직위를 떠나 이름을 주로 부른다. 부모한테도 이름을 부르고, 회사 사장한테도 이름을 부른다. 어려서부터 이름을 부르는 훈련이 자연스럽게 되어 있다. 한국은 이름보다는 호칭을 많이 쓴다. 우리는 호칭 문화에 익숙해져서 사람 이름을 외우는 훈련이 잘 이루어지지 않은 듯하다. 이제부터 강

과장, 김 과장이 아니라 강민주 과장, 김영수 과장 이렇게 이름까지 붙여 부르는 생활 속 노력이 필요할 것 같다.

친해지기 전 사적인 질문은 자제해야 한다. 한국인 대화의 특징은 '몇 살인가?'로 시작해서 학교는 어디 나왔는지, 애인은 있는지, 결혼은 언제 할 건지, 자식은 있는지 등 사적인 질문을 초면에 한다. 브라질 사람들에게는 매우 당황스러운 질문이다. 특히 회사 등 비즈니스 관계라면 더욱더 그렇다. 브라질에서 나이는 중요하지 않다. 모두가 평등한 친구이고 파트너이다. 그러니 나이를 알려고 하지 말자. 브라질 사람들은 상대방과 가까워지고 마음을 트면 스스로 사적인 정보를 공유하며, 온갖 사소한 가정사까지도 얘기를 한다. 그러니 먼저 진정성 있는 아미구(Amigo, 친구라는 뜻)가 된 뒤, 사적인 얘기를 해야 한다.

브라질은 중남미 대륙의 리더라는 자긍심을 가지고 있다. 상파울루주립대학교(USP) 국제관계대학의 조사에 따르면, 중남미 사람들에게 정체성을 묻는 질문에 대부분의 중남미 국가에서는 "나는 라틴아메리카인이다."라는 응답이 1위였으나, 브라질은 라틴아메리카인이 아닌 "나는 브라질인이다."라는 답변이 79%라는 비율로 압도적 1위를 차지했다. 브라질 사람들은 브라질과 주변 중남미국을 비교하거나 엮는 것을 싫어한다. 경제, 국토, 축구 등 모든 면에서 중남미의 맏형이며, 비교하는 것 자체가 자존심이 상하는 일이라 생각한다. 또한 브라질은 중남미에서 보기 드물게 제조 인프라가 구축되어 있다. 세계 3위 상업용 항공기 생산국이다. 따라서 브라질을 자원의 나라, 식량 생산 기지로만 접근하거나 중남미국 중 한 나라라는 식으로 브라질 사람들과 소통한다면 그들은 반가워하지 않는다.

브라질 사람들은 대놓고 거절을 잘 못 한다. 싫다거나 안 된다는 뜻을 전달하기 위해 간접적이거나 돌려서 표현한다. 예를 들어 브라질 바이어와 한국 기업 간 상담을 할 때 브라질 바이어는 제품이 마음에 들지 않거나 거래 조건이 좋지 못해 수입 의사가 없음에도 불구하고 끝까지 관심이 있는 것처럼 경청한다. 한국 기업들은 이런 바이어의 모습에 마치 금방 계약이 될 거란 오해를 하는 경우도 있다. 일상생활에서도 브라질 사람들이 좋아서 좋다고 하는 것인지, 싫은데 좋다고 표현하는 것인지 잘 구분해야 불필요한 오해를 줄일 수 있다.

브라질에서는 명확히 본인의 잘못이 인정되는 경우가 아닌 경우에 미안하다는 말을 잘 하지 않는다. 미안하다는 표현은 나의 잘못으로 인정하는 것이기 때문에 본인이 책임을 져야 하는 상황이 아닌 이상 듣기 어렵다. 한국은 갑을 문화, 고객이 왕이라는 과도한 서비스 문화 등으로 인해 미안하다, 죄송하다는 표현을 필요 이상으로 사용하며, 조그마한 실수에도 대역죄인인 마냥 사죄를 해야 하는 경우가 많다. 예를 들어, 브라질 병원에 시간 예약을 하고 갔으나 앞 시간에 예약한 환자가 늦게 오는 바람에 나의 진료 시간이 지연되고 있다고 치자. 병원의 예약 접수를 하는 직원에게는 이 상황이 본인의 잘못이 아닌 것이다. 본인은 모든 환자를 제때 예약해줬고 본인의 업무를 잘 수행했으나, 환자들이 시간을 지키지 않은 것이기 때문에 다음 환자의 진료 시간이 늦어지는 것은 나의 잘못이 아니며, 미안하다는 말을 할 상상조차 못할 것이다. 과연 한국의 예약 접수를 받는 직원이라면 어떤 말을 했을까? 당연히 죄송하다는 말을 했을 것이다. 그런데 생각해보면 과연 그 직원의 잘못인가? 브라질 사람들은 책임 회피를 위해 사과를 하지 않는다고 말하는 사람들이 있다. 물론 그런 경우도 있지만 과연 우리가 '죄송해야 하는 상황'이라고 정의하는 기준이 적절한지도 고민해 볼 필요가 있다. 한국인의 기준과 시선에서 브라질 사람들을 보면 그들과 가까워지기 어려울 것이다.

# 3. 부정부패

넷플릭스(NETFLIX)에서 제작한 '부패의 메커니즘(O Mecanismo)'이라는 드라마는 라바 자투(Lava Jato)라 불리는 브라질의 부정부패 수사를 소재로 제작되었다. 이 드라마는 브라질의 부정부패가 정치인과 기업인뿐만 아니라 일상에서도 얼마나 만연하게 퍼져있는지를 보여 준다. 드라마 주인공인 후푸는 집 앞의 하수구에서 오수가 넘쳐 나오자 관계 기관에 수리를 요청한다. 신고를 받고 찾아온 담당자는 현장 점검 후 뒷돈을 얼마 주면 일주일 안에 고칠 수 있고 돈을 주지 않으면 얼마나 걸릴지 모른다고 말한다. 브라질에 살다 보면 실제로 유사한 일이 경우가 종종 발생하지만 뒷돈인지 선불로 지급하는 팁인지 애매한 경우가 많다.

브라질의 부정부패는 브라질 역사 그 자체다. 포르투갈은 식민지 초기, 브라질을 정착지가 아닌 약탈지로 접근했다. 포르투갈에서 브라질로 이주한 사람도 적었고, 브라질로 간 사람들도 단기간 부를 축적하는 것을 목표로 했기 때문에 정경유착이 만연했다. 또한 초기 브라질로 파견된 총독부 관리들이 공사 대금을 부풀리는 등 다양한 방법으로 부정부패를 저질렀으나, 포르투갈 왕정은 브라질로 파견할 공무원이 부족했기 때문에 문제를 알면서도 방관하였다. 이처럼 브라질의 부정부패는 브라질이 발견되고 식민지가 시작될 때부터 시작이 된 것이다.

국제투명성기구(Transparency International)가 발표한 자료에 따르면, 브라질의 부패인식지수(CPI: Corruption Perceptions Index)는 매우 낮다. 35포인트로 조사 대상 188개국 중 111위를 기록했다. 참고로 한국은 57포인트로 49위를 기록했다.

2014년 라바 자투 비리 스캔들 수사로 온 나라가 발칵 뒤집혔다. 반부패 수사로 정치인과 주요 기업 경영진들이 대거 구속되었다. 국민들의 분노는 극에 달했고, 지우마 호세피(Dilma Vana Rousseff) 대통령 탄핵 시위가 전국에서 대규모로 발생하기도 했다. 2016년 결국 지우마 대통령은 정부 회계법 위반이라는 명분으로 탄핵되었지만, 부정부패와 경제 침체로 인한 정권에 대한 불신이 탄핵의 가장 큰 배경이었다. 2018년에는 브라질의 영웅이자 엄청난 인기를 얻었던 룰라(Luiz Inacio Lula da Silva) 대통령도 뇌물 수수 혐의로 구속되었으며, 2019년에는 테메르(Michel Miguel Elias Temer Lulia) 대통령이 부패 혐의로 체포되었다.

|2016년 지우마 대통령 탄핵 시위

긍정적인 점인 일상생활에서 시민들의 부정부패에 대한 인식이 변하고 있는 것이다. 2017년 우리 가족은 헤시피로 여행을 떠났다. 공항에서 호텔로 우버를 타고 가던 중 경찰이 우리가 타고 있던 차를 멈춰 세웠다. 택시에는 카시트가 장착되어 있지 않아도 유아의 탑승이 가능하나, 우버의 경우 일반 차량이기 때문에 카시트 없이 유아를 태우는 것이 불법이라는 것이다. 결국 우버 기사는 교통위반 범칙금을 받게 되었다. 우버 기사는 일반적으로 경찰에게 벌금의 절반 정도 되는 돈을 뇌물로 주면 위반을 눈감아 주지만, 벌금을 온전히 내더라도 경찰에게 더 이상 뇌물을 주지 않겠다고 우리에게 말했다. 브라질이 변하고 있음을 체감할 수 있었다. 우리는 우버 기사에게 요금과 더불어 벌금에 해당하는 돈을 추가로 드렸다. 우버 기사의 정의로운 결심이 변치 않기를 바라본다.

# 4. 인종차별

대항해시대 이후 아프리카 대륙에서 노예를 가장 많이 데리고 온 나라는 브라질이다. 엄밀히 말하면 1822년까지 브라질을 지배한 포르투갈이 약 300년간 500만 명의 아프리카인들을 브라질로 데려왔다. 1888년 노예 제도가 폐지된 이후 130년 이상의 시간이 흘렀다. 법적으로 인종차별이 금지되어 있고, 다른 주변국과 비교해도 인종차별이 적은 편이다. 보통 외국인들이 포르투갈어를 못 할 경우에 무시는 당해도, 인종적인 차별을 받진 않는다. 그러나 외국인의 시각으로 브라질 사회를 들여다보면 간혹 미묘하게 인종 간 차별이 느껴진다. 인종 간 사회적 지위의 격차가 크기 때문에 우리의 시각에서 차별이라고 느끼는 것들을 현지 사람들은 차별이라고 느끼지 못하는 것이 아닌지 혼란스러울 때가 있다.

둘째 아이를 낳고 잠시 가사도우미 아주머니를 고용했었다. 브라질 북동부 출신으로 상파울루에서는 쉽게 보기 어려운 진한 검은색 피부를 가진 아프리카계 브라질인이었다. 점심시간에 집 앞에 있는 맛없고 가격은 비싼 식당에서 음식을 포장하여 우리 집에서 먹곤 했었다. 하루는 왜 옆에 더 싸고 맛있는 식당이 있는데 그 식당을 가지 않고 맛없고 비싼 식당을 가느냐고 물었다.

아주머니는 싸고 맛있는 식당에는 흑인들이 없고 다 백인들이 밥을 먹고 있어서 들어가기 눈치 보인다고 대답하였다. 그리고 우리 집에서 일하기 전 한 회사의 사무실에서 청소하는 일을 했으며, 하루는 한 직원의 책상에 있던 귀중품이 없어진 사건이 발생하였는데 모두 자기를 의심하여 결국 회사를 나오게 되었다고 했다. 쇼핑을 가도 경비원이 자기를 주시하는 시선이 느껴지지만, 이제는 이런 삶이 익숙하다고 하였다.

맞벌이 문화가 발달한 브라질에서는 중산층 이상의 가정에서 대부분 가사도우미를 고용한다. 가사도우미들은 주로 흑인이거나 모레나라고 불리는 구릿빛 피부를 가진 사람들이다. 우리 이웃집 여자는 가정부가 청소를 하다 장식품을 깨트려 화가 난 나머지, 가사도우미에게 소리를 지르고 내쫓았다고 하였다. 브라질은 노동법이 강하기 때문에 고용주는 고용인에게 함부로 대하지 않는다고 들어온 우리에게는 가히 충격적인 얘기였다. 브라질 아파트는 보통 문이 2개가 있다. 주인과 손님들이 다니는 앞문과 짐을 옮기거나 쓰레기를 버릴 때 이용하는 뒷문이 있다. 앞, 뒷문으로 엘리베이터가 각각 있다. 엘리베이터에는 법에 의거하여 인종, 성별을 불문하고 이용가능하다는 문구가 적혀 있음에도 불구하고 앞문과 연결되는 엘리베이터를 이용하는 가사도우미는 거의 없다. 대부분 짐을 옮길 때 이용하는 엘리베이터와 뒷문을 이용한다.

첫째 아이가 다니는 유치원에서 만난 한 아이의 엄마는 초등학교에 다니는 큰딸이 인종차별로 인한 왕따를 당하고 있어 고민이 많다는 하소연을 하였다. 그 엄마는 백인이었지만 아빠가 흑인이고, 딸이 구릿빛 피부를 가지고 있다고 하였다. 학교에서 친구들이 딸아이에게 너는 더러운 피를 가졌다, 너는 피부색이 다르기 때문에 우리랑 어울릴 수 없다는 얘기를 해서 상처를 많이 받았다고 하였다. 어린아이가 감당하기 힘든 일이었을 것이다. 우리도 외국인으로서 겪는 어려움을 얘기하며 아이의 엄마를 위로해 주었다.

학교에서는 인종차별을 하면 안 되는 것이라고 교육하고, 사회에서는 법으로 금지하고 있다. 그럼에도 불구하고 일부 브라질 사람들의 마음 한구석에, 혹은 사회의 어두운 한구석에는 여전히 인종차별이 존재한다. 브라질의 인종 차별을 보면 우리의 아픈 역사를 보는 것 같다. 브라질 노예 제도는 약 130년 전에 폐지가 되었지만 200년 이상 이어져 온 노예 제도의 잔재는 아직 남아 있는 것이다. 마치 우리가 35년간 겪은 일제 잔재를 아직 제대로 청산하지 못하고 있는 것처럼 말이다.

브라질의 생활물가는 높으나 최저 임금은 30만 원 수준으로 매우 낮다. 높은 임금을 받기 위해서는 좋은 대학에서 좋은 교육을 받아야 한다. 브라질의 상위권 대학교는 국립학교가 대부분이며, 학비가 없거나 매우 저렴하다. 좋은 학교에 들어가기 위해서는 초중고 교육을 사립학교에서 받아야 하는 구조다. 사립학교는 브라질 중산층조차 감당하기 쉽지 않은 교육비가 든다.

Part 5. 브라질 사회 이해하기

결국 돈 있는 백인 집 자식들이 사립학교에서 교육을 받고 좋은 대학을 간다. 흑인계 저소득층 자녀들은 국공립학교의 질이 낮은 교육 환경에서 수업을 받고 결국 사립대학교에 들어가게 된다. 비싼 학비를 감당하지 못해 대학 진학을 포기하거나 중간에 그만두는 일이 발생한다. 대학교에 다니더라도 낮에는 일하고 새벽이나 밤늦게 수업을 듣기 때문에 학업에 집중하기 쉽지 않다. 사회 구조적으로 빈부격차가 점점 벌어지게 되어 있다. 이런 빈부의 격차는 결과적으로 인종 간 빈부격차고, 결국 인종 차별이 사라지기 어려운 상황이다. 좋은 교육 체계는 아이들의 미래이기도 하지만 건강한 사회를 만들기 위한 첫걸음이라는 것을 절실히 느끼게 된다.

# 5. 상파울루 교민과 한인 타운

    한국 국적으로 첫 공식 이민은 1963년에 이루어졌다. 103명이 농업 이민이란 목적으로 상파울루주 산토스항에 도착하였다. 이후 1966년 5차 이민단까지 총 193세대가 브라질로 농업 이민을 왔다. 당시 이민자들에게 소개된 땅은 농사가 불가능할 만큼 척박한 땅이었고, 제대로 된 농기구조차 없었다. 또한 농업 경험과 기술이 없었던 이들은 낯선 환경에서 생존의 문제에 직결했고, 결국 많은 이민자가 상파울루 등의 대도시로 이주하게 된다. 지금은 약 5만 명의 교민이 있으며, 대부분 상파울루에 거주하고 있다.

    봉헤치루는 '좋은 안식처'란 뜻을 가진 상파울루에 있는 한인 타운이다. 상파울루시에서도 이 지역을 한인 타운으로 공식 지정을 하였다. 의류 산업이 발달한 지역으로, 주중에는 도매, 주말에는 소매거래를 한다. 한인들은 1970년대부터 의류 산업에 진출했다. 동대문에서 봉제업에 종사하던 2천여 명이 브라질에 온 것을 계기로 한인들의 의류 산업 진출이 본격적으로 이루어졌다. 의류 디자인과 생산뿐만 아니라, 원단 및 부자재 수입유통, 도매와 소매 판매 등 의류 산업 전반에 걸쳐 한인들이 자리를 잡고 있다. 한때 브라질 여성 의류의 60%를 한인들이 생산하기도 했다. 최근에는 중국과 볼리비아인의 의류 산업 진출로 인해 전성

기보다는 한인 의류 산업 경기가 침체되어 업종 전환을 하는 교민들이 늘어나고 있다.

봉헤치루를 찾는 가장 큰 즐거움은 아무래도 한식을 접할 수 있다는 것이다. 봉헤치루 외에 아끌리마사웅, 모룸비 지역에 한국 식당들이 있으나 그 수가 많지 않다. 봉헤치루에는 약 50개의 한식당이 있다. 김밥, 떡볶이부터 짜장면, 양념치킨, 곱창전골까지 다양한 한국 음식점이 있어 타향살이의 외로움을 달랠 수 있다. 최근에는 한국식 커피숍과 제과점, 빙수가게까지 생겨나고 있다. 또한 한국 식료품점들이 있어 한국에서 수입된 라면, 냉동식품, 과자, 음료수 등을 구매할 수 있다. 일부 식료품점들은 일정 금액 이상으로 구매를 하면 배송료를 받고 상파울루 시내 지역으로 배달을 해 주기도 한다.

| 한인 식료품점

식당과 식품점 외에도 미용실, 병원, 한의원, 치과, 안경점, 여행사 등 생활에 필요한 다양한 업종을 한국 교민들이 운영하고 있다. 한인 교회와 성당도 봉혜치루에 위치하고 있다. 교회는 다수가 있으며, 성당은 하나가 있다.

아쉬운 점은 봉혜치루가 치안이 불안한 지역이라는 것이다. 평일에 의류 가게들이 문을 닫는 5~6시 이후에는 거리에 사람이 없어진다. 주거 밀집 지역이 아니다 보니 저녁에는 텅 빈 고요한 거리로 변한다. 또한 인근에 마약 상습자들이 모여 있는 크라콜란지아(Cracolândia)라는 지역이 있는데, 약 2천 명의 마약 중독자들이 머물고 있다. 이곳에서는 300원 정도면 크라키라는 마약을 구할 수 있을 정도로 마약이 넘쳐나는 곳이다. 따라서 봉혜치루는 낮에도 항상 치안에 대한 주의가 필요하다.

# 6. 파벨라

파벨라(Favela)는 저소득층이 모여 사는 우범지역이다. 파벨라로 유명한 리우데자네이루는 총인구 640만 명 중 약 22%의 인구가 파벨라에 거주하고 있다. 파벨라 지역의 인구 밀도는 일반 지역에 비해 6배가 높을 정도로 집들이 다닥다닥 붙어있다. 리우데자네이루 시에서 발생하는 강도, 절도, 살인 범죄의 약 80%가 파벨라 지역에서 발생하고 있다. 리우데자네이루의 유명 관광지인 예수상은 파벨라 지역을 등지고 있다. 사람들은 예수마저 빈민들을 외면했다고 말한다. 브라질 정부도 파벨라 거주민들의 이주 대책도, 자금도 없기 때문에 마땅히 재개발을 할 수 없는 상황이다.

리우데자네이루의 파벨라는 1940년대 주택 대란으로 빈민들이 교외에 빈민촌을 형성하면서 본격적으로 자리를 잡았다. 이후 1940~1970년대 대규모 인구 증가와 더불어 일자리를 찾으려는 많은 인구가 도시로 유입되면서 파벨라의 규모도 커졌다. 또한 1960년대 수도가 리우데자네이루에서 브라질리아로 이전되면서 급격하게 늘어난 실업자들이 파벨라에 거주하게 되었다. 1980년대 마약 공급의 중심지가 되고, 마약조직이 파벨라를 장악하면서 우범지역이 되었다.

| 산에 형성되어 있는 파벨라 전경

　대부분의 파벨라는 범죄조직이 장악하고 있다. 마약 거래 등
각종 범죄를 통해 무기를 구축하고 구역 내에서 질서유지를 하
는 등 작은 정부 노릇을 한다. 파벨라에 거주한다고 모두 범죄자
는 아니지만 어린 시절부터 각종 범죄에 노출된다. 가난과 열악
한 환경, 차별 등으로 인해 자연스럽게 범죄의 길로 빠져든다. 예
전에 한 다큐멘터리에서 쓰레기 매립장에서 버려진 쓰레기봉투
속의 썩은 고기를 꺼내 구워 먹는 파벨라의 어린이들이 소개된
적이 있다. 리우데자네이루의 아름다운 해변을 따라 수많은 고

급 호텔과 레스토랑들이 있고, 그 안에는 맛있는 음식과 술을 즐기는 사람으로 가득하다. 불과 몇백 미터 떨어진 곳에서 벌어지고 있는 처참한 현실이 안타깝기만 하다.

리우데자네이루에서 택시를 타고 관광을 한 적이 있었다. 운전기사는 파벨라 인근 지역을 지나가며, 어제는 여기서 총격전이 발생했다, 저쪽에서는 사람이 죽었다 등 파벨라 지역에서 발생하는 사건·사고들을 안내해주었다. 최근에는 파벨라 정식 관광 프로그램이 생겨났다. 정식 관광투어를 이용하지 않고 접근하기에는 불가능한 지역이다. 약 70~100달러 정도면 전문 가이드가 동행하여 파벨라 내부 투어를 할 수 있다. 이처럼 관광 상품 개발 등 파벨라도 더 이상 범죄만 발생하는 우범지역이 아니라 정부와 상생을 방안을 찾고 있다.

# ㄱ. 치안

　　2016년 리우데자네이루 올림픽을 앞두고 한국 언론에서는 연일 브라질 치안 불안에 대한 기사가 나왔다. 외국인 여행객을 대상으로 소매치기를 하는 영상은 SNS를 통해 이슈가 되기도 했다. 이러한 언론 보도로 인해 한국에서는 브라질을 매우 위험한 나라로 인식하고 있다. 소매치기와 강탈 등의 범죄도 많이 발생하지만 가장 주의를 해야 하는 것은 총기 사고다. 브라질 공공안전포럼(FBSP)의 발표에 따르면 2017년 범죄로 죽은 피해자 수는 63,880명을 기록했다. 하루에 175명이 살인을 당하는 것이다. 과거보다 치안이 좋아지고 있다고는 하나, 아직도 주변에서 많은 사건 사고를 겪고 있다. 매년 주재원 1명 이상 총기 사고를 겪고 있다. NUMBEO의 자료에 따르면 브라질은 세계 7위의 범죄 위험 국가며, 미주 대륙 중 가장 위험한 열 개 도시에 브라질 도시가 여섯 개나 선정되었다.

## • 범죄 지수 상위 10개국 •

| 순위 | 도시 | 범죄 지수 |
|:---:|:---:|:---:|
| 1 | Venezuela | 83.23 |
| 2 | Papua New Guinea | 79.88 |
| 3 | Honduras | 76.84 |
| 4 | South Africa | 76.80 |
| 5 | Afghanistan | 76.63 |
| 6 | Trinidad And Tobago | 74.04 |
| 7 | Brazil | 70.24 |
| 8 | Namibia | 68.66 |
| 9 | El Salvador | 68.08 |
| 10 | Kazakhstan | 66.51 |

\* 출처: NUMBEO

## • 범죄 지수 상위 10개 미주대륙 도시 •

| 순위 | 도시 | 범죄 지수 |
|:---:|:---:|:---:|
| 1 | Caracas, Venezuela | 83.10 |
| 2 | San Pedro Sula, Honduras | 82.47 |
| 3 | Fortaleza, Brazil | 80.50 |
| 4 | Salvador, Brazil | 79.75 |
| 5 | Recife, Brazil | 78.30 |
| 6 | Porto Alegre, Brazil | 78.04 |
| 7 | Rio de Janeiro, Brazil | 77.98 |
| 8 | Port of Spain, Trinidad And Tobago | 76.90 |
| 9 | San Salvador, El Salvador | 72.12 |
| 10 | Sao Paulo, Brazil | 71.85 |

\* 출처: NUMBEO

치안 불안의 가장 큰 원인은 빈부격차다. 저소득층이 강탈 행위를 일삼고 있는데, 사회 구조상 이들이 아무리 많은 땀을 흘린다고 하여도 중산층으로 올라가기 힘들다. 결국 거리의 무법자로 전락하고 있으며, 크게 죄의식을 느끼지 못하고 있다. 다행인 점은 대부분의 범죄자가 원하는 것은 재물이기 때문에 원하는 것을 탈취하면 사람을 해치지 않는다. 요즘 한국에서는 묻지마식 살인, 퍽치기 등 우선 죽이거나 해쳐서 돈을 뺏는 범죄가 늘어나는데, 그해 비하면 브라질의 범죄는 인간적(?)이라고 볼 수 있다. 한 지인은 스마트폰을 훔쳐 가는 강도에게 유심칩만이라도 돌려줄 수 있냐고 물어봤더니, 칩을 빼주고 달아났다는 훈훈한(?) 경험을 얘기해주기도 했다.

도심에서도 많은 사건·사고가 발생하지만, 국경지대는 더욱 위험하다. BBC에 따르면 브라질이 코카인 거래의 허브로 자리매김한 이후 인근 중남미국에서 마약 조직들 간의 범죄 사고가 많이 발생하고 있다고 한다. 특히 최근에는 베네수엘라와의 국경지대에서 난민들과 현지인들 간의 사건·사고도 증가하고 있다.

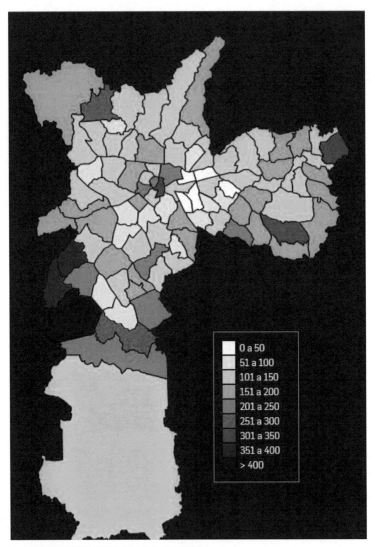

| 2018년 상파울루시 지역별 강도 범죄 발생 현황

\* 출처: Secretaria de Estado da Segurança Pública de São Paulo

범죄가 줄어들지 않는 이유 중 하나는 미약한 처벌이다. 법이 관대하고 교도소의 수용인원이 포화상태에 달해 범죄자들이 오랜 기간 사회에서 격리되지 못하고 있다. 범죄자가 자수할 경우 불구속 수사로 진행하는 경우가 많으며, 초범인 경우에는 오랜 형량을 받지 않는다.

길거리를 걷거나 운전을 하다 보면 치안 유지를 위해 순찰하는 경찰을 쉽게 볼 수 있다. 그런데 경찰 제복, 경찰차에 적혀 있는 이름이 모두 제각각이다. 처음에는 도시 내에 왜 이렇게 여러 종류의 경찰들이 활동하는지 이해하기 어려웠다. 한국에서 경찰 조직이 구분되어 있듯이 브라질에도 여러 종류의 경찰이 존재하며 맡은 업무도 다르다. 경찰별로 업무가 구분되어 있다 보니, 어떤 경찰은 눈앞에서 교통위반을 하는 차량을 보고도 아무런 제지나 단속을 하지 않는다. 본인의 업무가 아니기 때문이다.

브라질 경찰은 크게 군경, 민경, 연방 경찰로 구분된다. 군경은 공공장소의 질서유지, 소란 진압 및 현행범 체포 업무를 수행하나 수사권은 없다. 따라서 현장에서 범인을 체포하면 민경에 넘겨 범인 취조 등의 조사를 진행하게 된다. 민경은 주 내에서 발생하는 교통사고, 형사 범죄 등 이미 발생한 사건사고에 대해 조사하는 업무를 수행한다. 한국에서 흔히 생각하는 형사의 업무와 유사하다. 연방경찰은 경제, 정치, 선거 범죄 등 정치적, 사회적 질서에 반하는 행위 단속과 해상, 영공, 국경지대의 경찰 직무를 수행한다. 사건·사고를 담당하는 경찰 외에 교통경찰이 따로 존재한다. 연방 교통경찰은 연방 정부가 관리하는 도로에서 발생하는 사건·사고를 담당하며, 주 교통경찰은 주에서 관리하는 도로에서 발생하는 사건·사고를 담당한다. 따라서 위급상황 발생 시 경찰의 담당 업무에 맞게 연락을 연락해야 한다.

**•브라질 경찰별 신고 번호•**

| 구분 | (신고)연락처 |
|---|---|
| 군경(Polícia Militar) | 190 |
| 민경(Polícia Civil) | 197 |
| 연방 경찰(Polícia Federal) | 194 |
| 연방 교통경찰(Polícia Rodoviária Federal) | 191 |
| 주 교통경찰(Polícia Rodoviária Estadual) | 198 |

우리 부부는 4년간 거주를 하며 두 차례의 소매치기를 당했다. 첫 소매치기는 어느 일요일 빠울리스타 거리에서 당했다. 일요일이면 차도를 막고 문화 공연이 열리는 빠울리스타에 산책을 갔었다. 둘째 아이 유모차 밑 선반에 핸드백을 넣어두었는데, 함께 길을 걷다 넘어진 첫째 아이를 살피느라 한눈을 판 사이에 가방이 감쪽같이 사라진 것이다. 급히 왔던 길을 돌아가 보고, 주위에 똑같은 가방을 가지고 있는 사람이 있는지, 근처 쓰레기통에 혹시나 가방이 있는지 찾아봤지만 결국 가방을 찾지 못했다. 지나가는 경찰에게 도움을 요청했지만 걱정스러운 눈빛만 보낼 뿐 적극적인 행동을 취하진 않았다. 경찰은 잃어버린 물건이 무엇인지 물어봤고, 우리는 가방 안에 있었던 지갑과 신분증 등을

얘기했다. 그러자 경찰은 집으로 돌아가자마자 인터넷으로 연방 경찰 사이트에 접속하여 사건경위서(B.O, Boletim de Ocorrencia)를 작성하라고 안내해줬다. 사건경위서를 작성해야만 신분증을 재발급받을 수 있다고 하였다. 집으로 돌아와 사건경위서를 작성하고 나서 신분증 재발급 신청을 진행했다. 신분증 재발급 신청은 대부분 인터넷으로 사전 예약을 한 뒤에 예약한 시간에 맞춰서 공공행정 업무를 담당하는 포우파템푸(Poupatempo)를 방문하면 된다.

첫 번째 소매치기 사건이 있은 몇 달 뒤, 집 근처 마트에서 두 번째 소매치를 당했다. 이번에는 유모차에 메는 기저귀용 가방에 넣어둔 스마트폰을 가져가 버렸다. 마트 진열대에 물건 가격을 확인하는 사이에 스마트폰이 사라져 버렸다. 얼른 마트 직원에게 소매치기 사실을 알리고 CCTV를 확인해달라고 요청했다. 그러나 마트 담당자는 경찰이 요청하지 않는 이상 규정상 개인에게 CCTV를 공개하지 못한다고 하였다. 경찰의 도움을 받고자 인터넷으로 사건경위서 작성을 시도했으나 계속해서 사이트의 연결이 끊겼다. 다음날 경찰서로 찾아가 상황을 설명하고 사건경위서를 작성하고 싶다고 말했다. 경찰은 경찰서 내 사건경위서를 작성하는 시스템이 오류가 생겨서 접수가 안 된다고 했다. 어떻게 경찰서 시스템이 다운이 되는지 어이가 없어 화도 나지 않을 지경이었다. 결국 골든타임을 놓쳤고, 며칠 뒤 위치추적 결과 스마트폰은 스웨덴에 있는 것으로 확인되었다.

그나마 치안이 불안한 곳에서 총이나 칼을 든 강도를 만난 것이 아니라 소매치를 겪은 것에 감사했다. 주변에서 총기 강도를 당한 후 트라우마를 겪는 사람들을 종종 봤다. 우리도 간접 경험을 했는데, 한 번 총소리를 듣고 나니 외출을 할 때마다 불안한 마음이 계속 들었다. 집 근처를 걷던 중 바로 인근에서 총소리가 들렸고 사람들이 비명을 지르며 우리 쪽으로 달려왔다. 놀란 마음에 아이들을 들고 반대 방향으로 뛰기 시작했다. 다행히 근처 가게에서 우리를 불러 안쪽으로 대피를 시켜주었다. 가게에 들어가는 동시에 다시 한 번 총소리가 들렸다. 둘째는 어려서 상황판단이 안 되어 멀뚱멀뚱 있었지만, 첫째 4살짜리 아이는 엄마 품에 안겨 덜덜덜 떨고 있었다. 우리 부부가 얼마나 위험한 나라에서 아이들을 키우고 있는지를 새삼 깨달았다. 그날 놀란 마음을 다잡고 집으로 돌아오는 200~300m의 길은 마치 한국으로 가는 비행시간만큼 길게 느껴졌다.

브라질 강도들이 아이와 함께 있는 사람에게 총은 들이대진 않지만, 소매치기에게는 가장 만만한 범죄 대상이 되니 아이가 있는 부모들은 각별한 주의가 필요하다. 또한 사건이 발생한 뒤 사후적으로 경찰의 적극적인 도움을 받기 어려우며, 도움을 받기 위해서는 사건경위서를 반드시 작성해야 한다.

아래는 범죄와 사고 예방을 위한 수칙이다.

## 1) 강도를 만날 경우의 주의 사항

'브라질 강도가 노리는 것은 사람이 아니라 재물'이라는 점을 명심하자. 브라질 치안 문제의 가장 큰 원인은 빈부격차에 따른 빈민들의 약탈이다. 따라서 재물만 제공하면 사람을 해치지 않는다. 괜한 저항이나 협상을 시도하다 신체적 공격을 당할 수 있으니, 강도를 만나게 되면 침착하게 재물을 주는 것이 좋다. 범인의 얼굴을 보지 말고 묻는 것만 대답하며, 큰 제스처를 하지 말고 범인이 내 동작을 알 수 있도록 행동해야 한다. 소리를 지르는 등의 범인을 자극하는 행동은 삼가며, 절대로 범인을 쫓아가서는 안 된다.

## 2) 길거리 보행 시 주의할 사항

주변에 위험한 인물이 없는지 경계하며 걸어야 한다. 스마트폰을 손에 들고 가거나, 전화를 하며 걸어가다가는 날치기를 당할 수 있다. 2~3인조로 구성된 소매치기단이 많이 있다. 한 사람이 타깃이 되는 사람을 툭 치거나 길을 물으며 주위를 어수선하게 만든 뒤, 다른 일당이 귀중품을 소매치기하는 수법이다. 돈이나 귀중품은 남의 눈에 띠지 않게 보관해야 하며, 특히 은행이나 현금인출기를 이용 시 더욱 주위를 잘 살펴야 한다. 현금인출기는 안전한 장소에 있는 기기를 이용하며, 가급적 큰 금액을 인출하지 않는 것이 좋다.

### 3) 차량 운행 시 주의 사항

주기적으로 차량을 점검하여 주행 중 차가 멈춰서는 일이 발생하지 않도록 해야 한다. 귀중품을 차에 두고 내릴 경우 창문을 부수고 침입하여 물건을 훔쳐 갈 수 있으니, 가급적 차에 귀중품을 두지 말아야 한다. 부득이한 경우라면 트렁크에 보관하는 것이 좋다. 승하차 전 주변에 위험한 사람은 없는지 확인을 해야 하며, 차량 강도를 만나게 되면 저항하지 말고 차를 내주어야 한다. 브라질은 차량 도난도 보험 처리가 되므로, 차량을 강탈당하게 되면 보험으로 보상을 받으면 된다. 주정차 및 신호대기 시에도 주변을 항상 경계해야 한다. 신호 대기 시 앞차와의 거리를 유지하여 신속히 출발할 수 있는 공간을 만들어 두어야 한다. 운전 중에는 2명이 탑승한 오토바이를 특히 조심해야 하며, 수상한 사람이 계속해서 쫓아오는 경우 인근 경찰서나 사람이 많은 지역으로 이동해야 한다. 운행 중 강도가 차 앞 유리에 계란을 투척하더라도 절대 와이퍼를 작동해서는 안 된다. 계란이 유리에 퍼져 시야를 방해받게 된다. 주변 지역의 위험한 동네나 길을 사전에 파악하여 혹여나 내비게이션이 위험한 지역을 통과하는 경로를 안내하더라도 우회하여야 한다.


## 4) 자택 방범을 위해 주의할 사항

항상 문단속을 철저히 하며, 집 열쇠는 가능한 경비원, 가정부 등 제3자에게 맡기지 않는 것이 좋다. 이사 후에는 집 열쇠를 교체하는 것이 좋다. 우리도 이사하고 며칠 후 아직 집이 계약되었는지 몰랐던 다른 부동산에서 문을 열고 들어와 놀란 적이 있다. 집안에 귀중품 및 현금 보관은 최소화하고, 여행 등을 가게 되어 집을 오랫동안 비우게 되더라도 경비원에게 집이 비었다는 것을 알리지 않는 것이 좋다. 귀가 시 문이나 창문이 파손된 경우에 집 안으로 들어가지 말고 즉시 경찰에 신고해야 한다.

# 맺음말

　한국을 떠나 외국에서 산다는 것은 쉬운 일이 아니다. 특히, 영어가 통용되지 않고 생활 정보가 많이 알려지지 않은 브라질은 물리적 거리만큼이나 심리적 거리도 먼 나라다. 처음 브라질에서 생활을 시작했을 때 브라질의 느린 행정, 새로운 문화와 생활방식으로 인해 한국이 아주 그리웠고, 때로는 힘든 시기도 있었다. 그러나 지금은 브라질에 대한 감사한 마음으로 행복한 시간을 보내고 있다.

　눈만 마주쳐도 웃어주고, 인사하는 사람들 속에서 살다 보니 우리의 표정도 점점 밝아지고, 사고방식도 긍정적으로 변하게 되었다. 쉽게 양보해주고 엄지손가락을 들며 따봉의 손짓을 해주는 운전자들을 보면 극심한 교통체증 속에서도 스트레스를 한국만큼 받지 않았다. 한국에서는 부담스러웠을 소고기와 과일을 두 아이에게 원 없이 먹게 해줄 수 있는 풍부한 브라질의 자원에 감사했다. 아이와 노약자 우선이 무엇인지, 약자를 배려하는 방법을 몸소 체험하게 해준 브라질의 선진 의식에 감탄스러웠다.

이처럼 지난 4년간 이방인으로서 브라질에서 살아가며 겪은 다양한 경험은 우리 부부에게 큰 인생 수업이었고 한 단계 성장하고 성숙해지는 계기가 되었다. 편협하고 선입견 가득한 시선으로 바라보던 브라질은 한없이 부족해 보였고, 그 속에서의 삶은 행복하지 않았다. 그러나 다름을 인정하고, 브라질 사람들의 삶의 방식을 존중하기 시작하면서 우리의 브라질 생활은 즐겁고 행복한 시간으로 바뀌었다.

　브라질은 다른 나라와 비교가 불가능하다. 인근 국가와 비교해도 많이 다른 모습을 보인다. 중남미에서 유일하게 포르투갈어를 사용하는 나라며, 무수히 많은 이민자가 모여 새로운 문화를 형성하며 살아가고 있는 곳이다. 이런 나라를 지구 정반대 편에 위치한 한국과 비교하는 것은 비교하는 자 스스로를 더욱 힘들게 할 뿐이다. 브라질 국기에는 질서와 진보(ORDEM E PRO-GRESSO)라는 국가 모토가 써져 있다. 실제로 브라질 사회에는 이들 나름의 질서와 진보 체계가 있다. 외국인으로서 우리는 브라질 사람들의 질서와 진보를 존중해야 한다. 이것이 브라질에서 적응하며 살아가기 위한 첫걸음일 것이다.

맺음말

# 참고자료

## 국문자료

- KOBRAS, 「BRAZIL Daily Report, 2019.4.24호」
- KOTRA(2015), 「제약산업 브라질 진출 전략보고서」
- 국가기록원, 「재외 한인의 역사」
- 김건화(2010), 「신이 내린 땅, 인간이 만든 나라 브라질」
- 김영철(2011), 「브라질 민족 정체성과 이민-아시아이민을 중심으로」
- 김영철(2018), 「브라질의 인구 고령화와 노동시장의 변화」
- 손정수(2018), 「브라질 이야기」
- 외교부(2018), 「브라질연방공화국 개황」
- 이광윤(2015), 「브라질 흑인의 역사와 문화」
- 이영선(2018), 「브라질은 바나나를 닮았다」
- 임두빈(2011), 「브라질 사람과 소통하기」
- 조희문(2015), 「브라질 부패방지법과 기업책임」
- 재외동포재단(2014), 「재외 동포의 창 5월호」
- 최금자(2011), 「브라질 상파울루시의 코리아타운 '봉헤찌로'」
- 최금자(2013), 「브라질 한국이민 50주년을 맞이하며」
- 한국농수산식품유통공사(2013), 「수출시장 신규개척 및 다변화를 위한 심층조사(브라질)」
- 한국농수산식품유통공사(2017), 「2017 신흥시장 클로즈업 브라질」
- 한국수자원공사(2016), 「브라질 상하수도 보급정책과 물기업의 성장」

## 해외자료

- ANFAVEA(2019), 「Brazilian automotive industry yearbook 2019」
- Carlos R. Carlos R. Azzoni(2005), 「SÃO PAULO METROPOLITAN AREA: SIZE, COMPETITIVENESS AND THE FUTURE」
- Datafolha(2018), 「Preconceito」
- DEREX-FIESP. 「State of Sao Paulo Overview」
- FGV(2015), 「BRAZIL COMPETITIVE PROFILE」
- INVEST SÃO PAULO. 「São Paulo Overview」
- Marcos Costa(2016), 「A história do Brasil para quem tem pressa」
- Miguel Luiz Bucalem(2012), 「Sustainable Urban Development of São Paulo: Challengers and Opportunities」
- Luis Claudio Palermo(2016), 「Favelas do Rio de Janeiro: História e Direito」
- PUDI(2016), 「VISÃO DA METRÓPOLE」
- SPTuris(2018), 「SÃO PAULO: CITY OF THE WORLD」

# 참고사이트

- http://bluetaipei.egloos.com
- http://brasilemsintese.ibge.gov.br
- http://cidadedesaopaulo.com
- http://cidades.ibge.gov.br
- http://g1.globo.com
- http://geosampa.prefeitura.sp.gov.br
- http://happyplanetindex.org
- http://ibge.gov.br
- http://infograficos.estadao.com.br
- http://koreabrazil.net
- http://revistagalileu.globo.com
- http://theme.archives.go.kr
- http://ubin.krihs.re.kr
- http://www.cetsp.com.br
- http://www.detran.sp.gov.br
- http://www.emplasa.sp.gov.br
- http://www.mercer.co.kr
- http://www.metro.sp.gov.br
- http://www.pf.gov.br
- http://www.tabombrasil.net
- http://www.timeanddate.com
- http://www.worldeconomics.com